Andreas Rüdig

Über den Liberalismus und andere Kleinigkeiten

Andreas Rüdig

Über den Liberalismus und andere Kleinigkeiten

und andere Gedanken

Goldene Rakete Verlag für Belletristik

Imprint

Cover image: www.ingimage.com

Publisher:
Goldene Rakete Verlag für Belletristik
is a trademark of
International Book Market Service Ltd., member of OmniScriptum Publishing Group
17 Meldrum Street, Beau Bassin 71504, Mauritius

Printed at: see last page
ISBN: 978-620-2-44400-2

Ein Vorwort, zugleich eine Einleitung

Ich weiß jetzt nicht mehr, wann (also an welchem Tag genau) es war, aber zum ersten Mal wahlberechtigt war ich persönlich Ende der `80er Jahre. Es handelte sich damals um eine Kommunalwahl in meiner Heimatstadt Duisburg. Schon damals entwickelte ich Sympathien für den Liberalismus und entschied mich dementsprechend für eine Partei.

Aus einem christlich angehauchten Welt- und Menschenbild heraus haben sich die Sympathien in Richtung Sozialliberalismus weiterentwickelt. Das Wohl des Menschen muß im Mittelpunkt der staatlichen Politik stehen; wie dies in der Praxis aussehen kann, dem soll dieser Diskussionsbeitrag nachgehen. Aber auch die Frage, wie das Idealbild des Bürgers (hinsichtlich des Charakters) aussieht, ist spannend. Auch bei ihr soll eine Antwort versucht werden. Viel Spaß beim Lesen kann ich da nur wünschen.

Über den Liberalismus

Der Liberalismus ist eine Grundposition der politischen Philosophie und eine historische und aktuelle Bewegung, die eine freiheitliche politische, ökonomische und soziale Ordnung anstrebt.

Leitziel des Liberalismus ist die Freiheit des Individuums vornehmlich gegenüber staatlicher Gewalt, er richtet sich gegen Staatsgläubigkeit, Willkür, Kollektivismus und den Missbrauch von Macht bzw. Herrschaft.

Auch wenn der Ausdruck Liberalismus erst 1812 in Spanien geprägt wurde, liegen seine Wurzeln in der Aufklärung, etwa ab 1650. Im Zentrum des Liberalismus als Grundposition der politischen Philosophie steht das Individuum. Die individuelle Freiheit der Person ist nach liberaler Überzeugung die Grundnorm einer jeden menschlichen Gesellschaft, auf die hin der Staat seine politische wie wirtschaftliche Ordnung ausrichten sollte. Dabei wird unter Freiheit zunächst vor allem die Abwesenheit jeglicher Gewalt und jedes Zwangs verstanden, insbesondere von staatlicher Seite. In einem engeren Sinne liberalistischer Positionen beschränkt sich die Rolle des Staates auf den konkreten Schutz der Freiheit der Individuen und der die Freiheit garantierenden Rechtsordnung.

Im Unterschied zum Anarchismus lehnt der Liberalismus den Staat nicht ab, sondern sieht im Staat den Garanten für Freiheit und Eigentum. Es gibt aber durchaus unterschiedliche Auffassungen, was er zu dieser Sicherung zu tun hat und wie weit seine Aufgaben und Rechte gehen sollen.

„Liberalismus“ ist eine Sammelbezeichnung für unterschiedliche politische Positionen, wobei sich „das allen ‚Liberalismen‘ Gemeinsame nur schwer unter konkrete, definitorisch abgrenzbare Kategorien bringen lässt.“ Es lassen sich jedoch verschiedene gesellschaftliche Bereiche identifizieren, in denen sich die Forderung nach individueller Freiheit konkretisiert. Gemeinsam ist den unterschiedlichen Ansätzen die hohe Wertschätzung individueller Freiheit und Selbstverantwortung. Jeder Mensch soll leben wie er möchte, solange er nicht die Freiheit anderer tangiert bzw. verletzt. Demokratie wird als Mittel angesehen, die Freiheit der Bürger zu schützen. Meinungs-, Glaubens- und Gewissensfreiheit werden als Voraussetzung der Selbstverwirklichung und Selbstentfaltung angesehen.

Laut dem Liberalismus ist die Aufgabe einer Verfassung, die naturgegebenen Rechte der Bürger vor der Allmacht des Staates zu schützen. Johne Locke, einer der wichtigsten Begründer des Liberalismus, postulierte in seinem 1689 veröffentlichten Werk *Two Treatises of Government* (deutsch: Zwei Abhandlungen über die Regierung) Freiheit, Leben und Eigentum als unveräußerliche Rechte eines jeden Bürgers. Die Rechte auf Freiheit, Leben und Eigentum werden als elementare Menschenrechte angesehen. Die liberale Verfassung soll diese Menschenrechte durch die Begrenzung der Staatsmacht vor willkürlichen Eingriffen des Staates schützen. Diese sind vor und von dem Staat zu schützen und haben Vorrang auch vor demokratisch herbeigeführten Entscheidungen.

Ursprünglich war „Liberalismus" als Bezeichnung der politischen Bewegung des Liberalismus vorbehalten. Seit Beginn des 20. Jahrhunderts wird die Bezeichnung auch auf wirtschaftspolitische Positionen bezogen, die von der klassischen Nationalökonomie vertreten wurden und auf Adam Smith zurückgeführt werden. In Abgrenzung zu anderen Spielarten des Liberalismus wird vom Wirtschaftsliberalismus gesprochen. Grundlagen des Wirtschaftsliberalismus sind – anknüpfend an John Locke – Privateigenturm und Vertragsfreiheit. Vertreter des Wirtschaftsliberalismus befürworten in der Tradition der Klassischen Nationalökonomie Freie Marktwirtschaft und Freihandel.

Sozialer Liberalismus

Während für Wirtschaftsliberale der Abbau von staatlicher und feudaler Herrschaft zur Herstellung von Chancengleichheit in der Regel als ausreichend angesehen wird, wollen Sozialliberale auch gesellschaftlich bedingte Chancenungleichheiten kompensatorisch korrigieren. Um die von Sozialliberalen ebenfalls unerwünschte Einschränkung der individuellen Autonomie zu minimieren, wurde im 19. Jahrhundert Hilfe zur Selbsthilfe als Lösung der sozialen Frage propagiert. So trat der Sozialliberale Hermann Schulze-Delitzsch für eine Förderung des Genossenschaftswesens ein. Eine weitere typisch liberale Antwort auf die soziale Frage ist die Qualifikation durch eine staatlich geförderte Bildungspolitik. In der Sozialen Marktwirtschaft wurde von Vertretern des Ordoliberalismus der Versuch unternommen, wirtschaftsliberale Positionen mit einer Bewältigung sozialer Probleme konzeptionell zu verbinden.

Im egalitären Liberalismus von John Rawls hat eine nicht nur formale, sondern substantiell faire Chancengleichheit einen wichtigen Stellenwert. Rawls Theorie der Gerechtigkeit gilt deshalb als liberale Konzeption, weil Rawls die Freiheit vor Umverteilung stellt. Die individuelle Freiheit dürfe allenfalls eingeschränkt werden, um die Freiheit Dritter zu schützen, keineswegs aus Gründen sozialer Gerechtigkeit. Ungleichheit ist jedoch nur insofern gerechtfertigt, falls diese auch den sozial Schwächsten einer Gesellschaft nützt.

Ich gebe es gerne zu, daß ich an dieser Stelle einen Text aus der Internetenzyklopädie Wikipedia gekürzt und leicht bearbeitet wiedergebe. Besser als dort könnte ich den Liberalismus auch nicht beschreiben.

Über den Geiz

Der Ausdruck Geiz meint eine zwanghafte und übertriebene Sparsamkeit. Damit ist auch der Unwillen, Güter zu teilen, verbunden.

Geizhals / Geizkragen ist eine tadelnde Bezeichnung für einen Menschen, der unabhängig von seiner wirtschaftlichen Lage das Abgeben von Gütern und Geld möglichst vermeidet. Das kann auch auf Kosten des eigenen Lebensstandards erfolgen.

Der hemmungslose Geiz

Hat auch seinen Reiz

Zusammen hält er das Geld,

denn das regiert die Welt.

Jedermann beschwört:

Behalte, was dir gehört

Die Menschenliebe

Ist keine meiner Triebe

Was ich mir angeschafft,

bleibt zusammengerafft.

Geiz

Ist Geiz wirklich ein gesellschaftlich anerkennenswertes Gedankengut? Oder gehören Charaktereigenschaften wie Großzügigkeit, Nächstenliebe, Mitmenschlichkeit, Spendenbereitschaft oder Hilfsbereitschaft eher dazu? Nicht umsonst belohnt unser staatliches Steuer- und Finanzsystem materielle und immaterielle Spendenbereitschaft, etwa für Kirchen, diakonisch-caritative-mildtätige Einrichtungen, Kultur, Sport und politische Parteien. Der Pfennigfuchser wird dementsprechend steuerlich nicht belohnt.

Natürlich wird nicht jeder gleich viel geben können und müssen. Es kann nicht verlangt werden, daß man horrende Kredite aufnimmt und sich verschuldet, nur um als großzügig und nicht geizig zu gelten. Man gibt im Rahmen seines Einkommens und seiner Möglichkeiten, nimmt bei Bedarf aber auch ohne jegliches Schamgefühl. Es heißt schließlich nicht umsonst in der Bibel: „Gebe und dir wird gegeben."

Das letzte Hemd hat keine Taschen. So lautet eine gängige Redewendung. Soll heißen: Ein übertrieben asketischer Lebensstil ist sinnlos. Sterben wir, bleiben unsere weltlichen Besitztümer doch zurück. Ohne verschwenderisch zu sein, darf man sich im Leben doch auch etwas gönnen.

Ein wohlverdienter Urlaub, eine angemessene Wohnung, ein Auto, eine gute Erziehung und Berufsausbildung – insbesondere und gerade der gutbürgerliche Lebensstil bietet viele Ansätze, wofür man – im guten Sinne – Geld ausgeben kann.

Großzügigkeit

Großzügigkeit besteht – als Tugend – darin, ohne Verpflichtung und / oder Zwang anderen Personen Leistungen oder Werte in einem Umfang zukommen zu lassen, die über das normale, üblicherweise zu erwartende Maß hinausgehen. Ein weiteres Kriterium besteht darin, daß es sich hierbei nicht um ein kalkulierendes, taktisches Verhalten handelt.

Wer nicht arbeitet, soll auch nicht essen. So steht es schon in der Bibel. Es gibt kein Recht auf Faulheit. Unvergessen sind die Worte eines früheren Bundeskanzlers.

Gibt es ein Recht auf Sucht? Ganz egal, ob jemand als Selbständiger, Beamter, Arbeiter, Angestellter oder Lehrling arbeitet – es ist niemandem zu vermitteln, daß sich eine eigentlich arbeitsfähige Person mit Alkohol, Drogen und / oder anderen Suchtmitteln zugrunde richtet und so seinem eigenen Glück im Wege steht.

Bei anderen Personengruppen kann Großzügigkeit durchaus Hilfestellung bedeuten. Kranke und Behinderte, Familien, Kinder und Senioren seien hier als Beispiele genannt. Getreu dem Sozialstaatsgebot der Verfassung hat der Staat hier den Rahmen so festzusetzen, daß ihnen jegliche erforderliche Hilfe angeboten wird.

Ähnlich sieht es in der Arbeitsmarktpolitik aus. Gerade hier steht der Staat in einer mehrfachen Pflicht. Es kann bekanntlich nur dasjenige Geld ausgegeben werden, das auch erwirtschaftet wird – ansonsten lebt man über seine Verhältnisse nicht wahr?

Das hört sich nach einer Binsenwahrheit an. Es eröffnen sich aber gleich zwei Denkrichtungen daraus. Im Rahmen der Marktwirtschaft müssen Anreize für Unternehmungen geschaffen werden, um Arbeitsplätze zu schaffen. Privat vor Staat lautet hier das Motto, Deregulierung und Entbürokratisierung sind dabei Stichworte. Der Wahn, daß jeder Spezialfall des Alltags reguliert werden muß, muß aufhören. Rechtssicherheit kann auch ein Weniger an rechtlichen Vorschriften bedeuten.

Im Rahmen der sozialen Komponente muß sich die Arbeit aber auch für die Arbeitnehmer lohnen. Es muß Anreize geben, Ausbildungsplätze zu schaffen und anzunehmen. Ein zweiter Arbeitsmarkt macht durchaus Sinn. Er darf aber nicht dazu führen, daß reguläre Arbeitsplätze durch 2-€-Jobs, ABM, Freiwilligendienste usw. ersetzt werden, weil diese Arbeitskräfte betriebswirtschaftlich billiger sind.

Hinzu kommt: Wer in solchen Arbeitsgelegenheiten beschäftigt ist, sollte zumindest Beiträge für die Sozialversicherung (zumindest Renten-, Kranken- und Pflegeversicherung) gezahlt bekommen. Es kann nicht sein, daß jemand trotz erfolgter Arbeitsleistung ein Fall für die Grundsicherung im Alter wird. Evtl. sind Nachzahlungen für frühere Jahre sinnvoll.

Großzügigkeit erfordert auch Investitionen in die schulische und berufliche Bildung. Dies fängt schon im Primarbereich der Schulen an. Ob Lehrer wirklich als Beamte beschäftigt werden müssen, sei einmal dahingestellt. Wichtiger sind Themen wie Bezahlung, Karriereaussichten und Vereinbarkeit von Familie und Beruf.

Hier sind die Beschäftigungsträger gefordert, die horizontale und vertikale Mobilität zu fördern. Warum soll ein Grundschullehrer nicht in die Ministerialbürokratie aufsteigen können? Warum sollen „überzählige“ Bibliothekare und Archivare nicht in andere Städte „ausgeliehen“ werden können. Warum soll es in Berufsschulen nicht haufenweise pädagogisch qualifizierte Seiteneinsteiger geben können? Warum sollen Mitarbeiter des kommunalen Sozialwesens und Volkshochschulbereichs nicht in den universitären oder Fachhochschulbereich wechseln können? Leistung und Arbeit muß sich hier lohnen.

Handwerk hat einen goldenen Boden. Deutschland ist nicht nur Industrieland. Es wäre zu überlegen, wie Handwerk in all` seinen Facetten gefördert wird. Reicht es, den Unterricht in Hauptschulen darauf auszurichten, bei den dortigen Schülern das Interesse an handwerklichen Berufen zu wecken und die entsprechenden Sekundärtugenden zu vermitteln? Es wäre zu überlegen, ob Fehlverhalten von Familie und Nachwuchs nicht entsprechende Sanktionen nach sich zieht.

Forschung ist ebenfalls ein Bereich, in dem sich Großzügigkeit lohnt. Die Naturwissenschaften sind lohnenswert, aber auch Mathematik, Ingenieurswissenschaften und Regionalwissenschaften. Hier muß es den Forschungseinrichtungen ermöglicht werden, ihren Forschungsinteressen freien Lauf zu lassen, auch wenn die Themen auf den ersten Blick exotisch erscheinen mögen. Homöopathie, Exobiologie, chinesische Heilkunde u. ä. seien hier als Beispiele genannt.

Deutschland konnte bislang stolz auf seine Innovationskraft sein. Es gilt, daran anzuknöpfen. Die alternativen Energiequellen können ein Beispiel dafür sein. Kann und muß es wirklich sein, daß andere Länder uns hier den Rang ablaufen, weil dort Subventionen gezahlt, Protektionismus ausgeübt und Industriespionage betrieben werden. Im Zweifelsfall muß hier über schützende Maßnahmen nachgedacht werden.

Natürlich kann ein solcher Text nur eine Einführung in das Thema sein. Viele Sozialthemen können hier nicht angesprochen werden, weil die Ausführungen dann zu umfangreich wären. Manche Stellschrauben können national gedacht werden; bei vielen anderen Themen (wie Steuern, Handelsabkommen, Vergleichbarkeit von Abschlüssen, strategische Interessen u. ä.) sind zwischenstaatliche Abkommen sinnvoll.

Höflichkeit

Höflichkeit ist eine Tugend. Als rücksichtsvolle Verhaltensweise soll sie Respekt vor dem Gegenüber zum Ausdruck bringen.

Jüngere grüßen Ältere, Männer helfen Frauen, Untergebene Höhergestellten – es gibt bestimmt Benimmratgeber en masse, wo man aktuelle Tendenzen nachlesen kann. Von daher kann und soll hier Höflichkeit nicht allumfassend beschrieben werden.

Sowohl im erfolgreichen gesellschaftlichen wie beruflichen Leben ist Höflichkeit unabdingbar. Wer unhöfliche Arbeitnehmer einstellt, braucht sich nicht zu wundern, wenn er Aufträge und Kunden verliert.

Wer ist für die Vermittlung dieser Sekundärtugenden verantwortlich? Natürlich Schule und Ausbildungsbetriebe. Vorrangig ist aber das Elternhaus zu nennen. Hier kann man im geschützten Raum einüben und verfestigen, was man in der Schule lernt. So gesehen gibt es eine Trennung zwischen formalem Wissen und Herzensbildung – Schule = formales Wissen, Elternhaus = Herzensbildung.

Was ist an dieser Stelle mit Herzensbildung gemeint? Es sind all′ die Fähigkeiten, Eigenschaften, Tugenden und Charakterstärken, die menschlichen Erfolg (also auch im Beruf) ermöglichen. Manche Eigenschaften mögen angeboren sein; vieles kann und muß im elterlichen Unterricht vermittelt werden.

Ob die kirchliche Sonntagsschule ein geeigneter Ort ist, sei einmal dahingestellt. Man kann leicht den Eindruck gewissen, er sei aus der Mode gekommen. Die Lebenserfahrung lehrt aber, daß Kirche ein geschützter Raum ist, der einen günstigen Einfluß auf die charakterliche Entwicklung des kindlichen und jugendlichen Charakters ausübt. Alkohol? Drogen? Kriminalität? Im Idealfall sind sie hier nicht vorhanden. Im Idealfall wird hier Spaß und Freude vermittelt, genauso wie Hilfsbereitschaft, Fleiß, Strebsamkeit, Ehrgeiz, Netzwerken, Karrierebewußtsein und viele weitere Eigenschaften mehr. Kirche vermittelt einen Kompaß, der sicherstellt, daß ein Kund und Jugendlicher nicht auf die schiefe Bahn kommt.

Pünktlichkeit

Pünktlichkeit ist das genaue, präzise Einhalten eines vereinbarten Termins. Das gilt im persönlichen Bereich genauso wie im Geschäftsleben.

Pünktlichkeit ist eine Zier,

doch weiter kommt man ohne ihr.

Unpünktlich bin ich gar so sehr

Und setzt man sich zu Wehr,

dann kann ich nichts dafür

es geschieht zwar über Gebühr

mal steh′ ich im Stau

mal bin ich ein eitler Pfau

doch den unpünktlichen Streß

ich nicht in Zahlen meß

ich entschuldige mich ganz selten

ich möchte als Flegel gelten.,

Insbesondere im Geschäftsleben gehört Pünktlichkeit zu den unverzichtbaren Sekundärtugenden. Wer Geschäftskunden / Arbeitsplatz / Ausbildungsplatz nicht verlieren möchte, muß eben pünktlich erscheinen.

Über die Geduld

Die Geduld wird auch Langmut genannt. Damit ist die Fähigkeit zu warten gemeint.

Warum ist die Geduld so wichtig, im privaten wie im öffentlichen Leben gleichermaßen? Sie bewahrt vor unüberlegten Taten und Worten. Sie ermöglicht ein strategisches Warten auf günstige Gelegenheiten. Im privaten Bereich (in der Kindererziehung beispielsweise) ermöglicht sie es Menschen, sich (positiv) zu entwickeln und über sich selbst nachzudenken.

Ungeduld ist oft genug ein schlechter Ratgeber. Man möchte dann möglichst viel möglichst schnell und ohne Rücksicht auf Verluste erreichen. Ein planvolles Überlegen ist so nicht möglich; man neigt dann zu Fehleinschätzungen und Fehlentscheidungen.

Geduld kommt also nicht allein. Das richtige Einschätzen von Personen und Situationen, aber auch Hoffnung, Ziele / Zielsetzung, Wartenkönnen und Zielstrebigkeit, bei Menschen auch Liebe und Empathie sind Charaktereigenschaften, die begleitend hinzukommen.

Aufrichtigkeit

Aufrichtigkeit gehört zur persönlichen Integrität. Man steht zu seinen Werten und Idealen sowie der eigenen, inneren Überzeugung, ohne sich beim Reden und Handeln zu verstellen.

Wer einmal lügt, dem glaubt man nicht. Verlogenheit gehört nicht unbedingt zu den Tugenden. Aufrichtigkeit ist das genaue Gegenteil dazu.

Das Aufrichtig

Ist mir persönlich wichtig

Für Integrität

Ist es nie zu spät

Es lebt sich unbeschwert

Hat man einen inneren Wert.

Aufrichtigkeit gehört zum privaten Leben wie zum Berufsleben und zur Öffentlichkeit gleichermaßen. Auch für Politiker? Ja, natürlich; wer seine Meinung nur an Punkten wie öffentlicher Meinung, eigenem Ansehen, Karrieredenken und Verdienstmöglichkeiten orientiert, wirkt nicht aufrichtig.

Zur Aufrichtigkeit gehört auch eine gewisse Charakterfestigkeit. Man kennt seine eigenen Stärken und Schwächen, Wünsche und Bedürfnisse und steht zu ihnen. Wer kein Alphatier ist, sollte auch keine Führungsposition anstreben. Der altvertraute Spruch „Schuster, bleib bei deinen Leisten“ zeigt überdeutlich an, in welche Richtung Aufrichtigkeit geht. Man steht zu seinen Fähigkeiten (ganz egal, ob handwerklich, künstlerisch, intellektuell u. v. m.) und verbiegt sich nicht, um Positionen anzustreben, für die man nicht geeignet ist. Eine realistische Selbsteinschätzung ist also wichtiger als jegliches Wunschdenken.

Nettikette

Unter der Nettikette versteht man das gute, angenehme und achtende / respektvolle Benehmen in der elektronischen Kommunikation.

Nettikette beginnt schon in einem frühen Stadium. Nämlich mit der Frage, ob und wann man elektronische Medien nutzt. Muß man sie beim Autofahren, in der Öffentlichkeit oder beim privaten Plausch nutzen? Auf altmodisch-konservative Personen wirkt es schlichtweg unhöflich, wenn junge Leute ihren Daumen flink über die Tastatur des Mobilfunkgerätes gleiten lassen, ihr Gegenüber nicht anschauen und sich im Straßenverkehr in Gefahr begeben, weil andere Verkehrsteilnehmer nicht beachtet werden. Der Blickkontakt, das zugewandte Gesicht, ein freundliches Lächeln gelten immer noch als ein Mittel der freundlichen Kommunikation.

In der schriftlichen Kommunikation sind Rechtschreibefähigkeiten erforderlich – Orthographie und Interpunktion gleichermaßen. Ob Smileys wirklich erforderlich sind, sei einmal dahingestellt.

Doch auch andere Sachen sind wichtig. Ein pünktliches Beantworten von verpaßten Anrufen und elektronischen Briefen, ein höflicher Stil, angenehme Stimme, Verbindlichkeit, Respekt, Freundlichkeit u. v. m. – was im privaten Bereich gilt, ist im geschäftlichen Bereich umso mehr erforderlich.

Wie lassen wir uns von den elektronischen Medien beherrschen? Ist es wirklich erforderlich, den ganzen Tag erreichbar zu sein? Welche Daten und Informationen müssen wirklich von uns öffentlich sein? Gibt es den gläsernen Bürger – beispielsweise hinsichtlich Einkaufsverhalten, Fernsehnutzung und Medienkonsum, Einkommensverhältnissen, Urlaubswünschen, Freizeitgewohnheiten u. v. m.? Geht es wirklich die Allgemeinheit an, an welchen Krankheiten wir leiden? Zu den Nettiketten gehört auch ein selbst auferlegter Datenschutz.

Meinungsfreiheit ist sicherlich ein hohes und schützenswertes Gut. Sie setzt aber (zumindest im öffentlichen Raum) voraus, daß man sie vernünftig artikulieren kann. Sachlich sollte sie sein, freundlich, nicht verletztend und themenbezogen. Beleidigend, unhöflich, diffamierend oder gar sonst wie strafrechtlich relevant – dies sind Eigenschaften, die nicht in eine Meinungsäußerung gehören.

Über die Genügsamkeit

„Genügsamkeit“, „Anspruchslosigkeit“, „Einfachheit“ und „Zurückhaltung“ sind gleichbedeutende Wort für Bescheidenheit. Hier ist das Wort im Sinne von Luxusverzicht und einfache Lebensführung gemeint.

Ist Genügsamkeit eine Tugend? Ja, in gewisser Hinsicht schon. Man zeigt seine geistigen und materiellen Schätze nicht; man tritt nach außen hin schlicht auf.

Die Einfachheit

Ist ein schönes Kleid

Das gefällt,

wenn es hält

Mit der Anspruchslosigkeit

Kommt man sehr weit

Wer spart, der hat in der Not

Das ist das oberste Gebot.

Obwohl – wer keine großen Ansprüche hat und sein Geld auch nicht zum Fenster hinausschmeißt, der wird auch gar nicht erst in eine Notlage geraten.

Über den Fleiß

Fleiß bedeutet arbeitsame Zielstrebigkeit. Fleiß ist eine bürgerliche Tugend.

Fleiß kann man auf vielen Ebenen zeigen – im Privatleben, im Beruf, im Ehrenamt, in der Familie, um nur einige Beispiele zu bringen. Fleiß wird in der Regel auch mit materiellem und / oder immateriellem Erfolg belohnt. Geld, beruflicher Aufstieg, ein Firmenwagen oder anderes können materieller Erfolg sein. Eine gelungene Feier, ein wohlgeratenes Kind, sportlicher Erfolg, eine umfangreich ausgeübte Freizeitbeschäftigung – immaterielle Erfolge, die einen gewissen Fleiß voraussetzen, gibt es viele.

Ein Recht auf Faulheit gibt es nicht. Wer nicht arbeitet, soll auch nichts essen – was in der Bibel auf Sklavenhalter bezogen war, gilt auch in unserem Alltagsleben noch. Wer alt und gebrechlich, krank, Kind oder sonst wie eingeschränkt ist, soll auch diejenige Unterstützung erhalten, die er braucht. Hier allein und braucht die Gesellschaft keine adäquate Gegenleistung.

Fleiß ist mit Leistungsbereitschaft und Ehrgeiz verbunden. Sie müssen schon im Elternhaus vermittelt und in der Schule verstärkt werden. Dabei ist es gleichgültig, ob eine Tätigkeit im Handwerk, Industrie oder Dienstleistungsbereich angestrebt wird. Urlaub und Sabbatzeiten sind zwar möglich; dabei sollte aber berücksichtigt werden, daß Kindheit und Jugend diejenigen Zeiten im Leben eines Menschen sind, in denen er am leistungsfähigsten ist. Ein gutes Schulzeugnis und eine abgeschlossene Berufsausbildung sollten dabei in jungen Jahren angestrebt werden. Lebenslanges Lernen (z. B. in Form von Erweiterung des Wissens, Erlernen eines anderen Berufs u. ä.) muß in unseren digitalen Zeiten hinzukommen. Erfahrungsgemäß hat es derjenige schwer, der hier einen Fehlstart hinlegt.

Angesichts der massiven Zuwanderung ist auch zu überlegen, in welchem Umfang ausländische Schul- und Berufsabschlüsse anerkannt werden können. Hier muß die Lebensleistung im Ausland anerkannt werden. Gleichzeitig muß auch überlegt werden, wie berufliche Kenntnisse und irgendeine Form von Schulsystem exportiert werden können, ohne daß dies in Kulturimperialismus mündet.

Die Menschen sowie ihr Wissen und ihr berufliches Engagement sind das Kapital, von dem wir zehren können. Es gibt, nicht von der Substanz zu leben, sondern diese Substanz zu erhalten und zu vermehren.

Sparsamkeit

Sparsamkeit umfaßt den maßvollen Umgang mit Geld und wirtschaftlichen Gütern. Mittels gesicherter und geordneter Verhältnisse kann jemand so den Alltag bewältigen.

Mit Sparsamkeit

Kommt man weit

Sehr weit sogar

Denn das ist klar:

Man behält

Sein Geld

Bücher, Filme, Kinotage

Kommen nicht in die Taschentrage

Champagner, Sekt und Kaviar

Stören, das ist klar

Schals, Kosmetik, Hüte

Ist damit ich nicht wüte

Bei Brillen Alarmglocken schrillen

Und meine vielen Frauen

Kann man mir klauen.

Sparsamkeit ist eine gutbürgerliche Tugend. Man legt Geld rechtzeitig beiseite und hat dann in der Not. Hochriskante und spekulative Geldanlagen, wie sie in der Finanzdienstleistungsbranche vertreten sind, sind dabei für den gemeinen Zeitgenossen nicht ratsam. Zu hoch ist das Risiko für den unerfahrenen Zeitgenossen, im Schadensfall noch ärmer dazustehen.

Welche Anlageformen sind – insbesondere in Zeiten des niedrigen Zinses – zu bevorzugen? Sachanlagen sind eine Möglichkeit. Gebäude, Kunstwerke, Gold, Silber und Edelmetalle und Grundbesitz wären hier als Beispiele zu nennen. Doch Vorsicht! Sie sind totes Kapital, das erst einmal keinen Gewinn abwirft.

Arbeit und Produktion schaffen Werte, was natürlich auch Konsum voraussetzt. Es ist nichts dagegen einzuwenden, im Rahmen seiner finanziellen Möglichkeiten zu Fußballspielen, Musikkonzerten und Kunstausstellungen zu gehen, hat man genügend Geld übrig, wäre eine Kapitalanlage in Firmen und Unternehmen, aber auch Stiftungen zu überlegen.

Hier eine konkrete Empfehlung für Firmen abzugeben, wäre nicht zielführend. Es wäre auch eine Frage des persönlichen Geschmacks, ob man in Aktien, Genossenschaftsanteile oder Anteile von GmbH`s investiert. Auch ethische Gedanken (keine Kinderarbeit, fairer Handel, Zahlung eines gerechten Lohnes usw.) können berücksichtigt werden.

Unternehmenskennziffern wie maßvolle Gewinnausschüttung, strategische Ausrichtung, Eigenkapitalquote, Auftragslage, Kerngeschäftsfelder und Kernkompetenzen sind die Entscheidungskriterien, die zählen. Industrielle Gemischtwarenfirmen zeugen von schlechter, weil wankelmütiger und inkonsequenter Tätigkeit der Unternehmensleitung.

Sport und Kultur, Bildung und Sozialbereich, Politik und Forschung – wer in Stiftungen investiert, handelt eher idealistisch und gemeinwohlorientiert. Dies ist nicht grundsätzlich abzulehnen. Geld erhält so eher eine ideelle Verzinsung.

Über die deutsche Leitkultur

Die Kirche des Nazareners ist eine Freikirche. Sie steht in methodistischer Tradition und ist der Heiligungsbewegung zuzurechnen. Ihre Gründung erfolgte 1908 in Pilot Point, Texas. Ihre Mitgliederzahl liegt inzwischen weltweit bei etwa 2,17 Millionen Mitgliedern.

In den 90er Jahren des 19. Jahrhunderts trennten sich verschiedene Gruppen von der Bischöflichen Methodistenkirche in Los Angeles aus Protest gegen die ihrer Ansicht nach vernachlässigte Heiligungslehre. 1895 trat unter der Leitung von Phineas F. Bresee erstmals eine Gruppe auf, die sich Kirche des Nazareners nannte. Am 13. Oktober 1908 wurden mehrere Gruppen dann zur *Pentecostal Church of the Nazarene* (Pfingstlichen Kirche des Nazareners) zusammengefasst, was als Gründungsdatum der Kirche gilt. Am Weltkirchentag der Kirche des Nazareners 1919 wurde allerdings beschlossen, das Wort *Pentecostal* aus dem Namen zu streichen, um eine Verwechslung mit der Pfingstbewegung zu vermeiden.

Die erste Gemeinde in Deutschland wurde 1958 in Frankfurt am Main gegründet, 1962 wurde dort auch das erste Gemeindezentrum eingeweiht. 1993 wurde der deutsche Kirchenbezirk in Indianapolis von der Weltkirche anerkannt, da sie mindestens 20 Gemeinden, 20 als Älteste ordinierte Pastoren sowie mindestens 1.000 Kirchenglieder hatten, nebst finanzieller Unabhängigkeit von der Gesamtkirche.

Die Theologie der Kirche des Nazareners entspricht in etwa der konservativen methodistischen Theologie. Stärker betont wird dabei die persönliche Heiligung, Diakonie und Mission.

In der Kirche des Nazareners herrscht liturgische Freiheit. Wie in evangelischen Kirchen üblich, steht im Allgemeinen die Predigt im Mittelpunkt des Gottesdienstes. Da es die Kirche des

Nazareners in einer Vielzahl von Nationen und Kulturen gibt, kann Gottesdienstform und Liedgut zum Teil recht unterschiedlich sein. Einige Gemeinsamkeiten gibt es aber doch. So werden international viele Lieder gesungen, die von Charles Wesley oder Vertretern der Heiligungsbewegung geschrieben wurden. In Deutschland ist das Liedgut allerdings größtenteils zeitgenössisch und deckt sich grob mit dem anderer evangelischer Freikirchen.

In der Kirche des Nazareners gibt es, wie in den meisten anderen evangelischen Kirchen, zwei Sakramente: Taufe und Abendmahl.

Nach der Kirchenordnung der Kirche des Nazareners, dem *Manual*, ist sowohl die Kinder- als auch die Gläubigentaufe gestattet. In der Praxis findet meist nur die Gläubigentaufe statt, und Kinder werden stattdessen gesegnet. Anders als in vielen Kirchen und Gemeinden ist die Taufe nicht zwingenderweise mit der Mitgliedschaft in der Kirche des Nazareners bzw. einer ihrer Gemeinden hergestellt. Vielmehr geschieht durch die Taufe eine Eingliederung in den weltweiten Leib Christi. Der Getaufte entscheidet selbst, welcher Denomination bzw. Gemeinde er einmal angehören will.

Die Leitung der Gesamtkirche liegt bei sechs Generalsuperintendenten, die im Vierjahresrhythmus vom Weltkirchenrat gewählt oder bestätigt werden. Der Weltkirchenrat besteht aus Delegierten der Bezirkskirchentage.

Die Pastoren und Prediger in den Gemeinden werden von ihrer jeweiligen Gemeinde eingesetzt. Voraussetzung ist, dass die Prediger zuvor auf einem Bezirkskirchentag ordiniert wurden oder ihnen dort ein Bezirkspredigerschein verliehen wurde. Die Frauenordination wird praktiziert. Die Ordinationen sind den Generalsuperintendenten, die die Bezirke regelmäßig besuchen, vorbehalten.

Das Manual, die Kirchenordnung, ist eine Sammlung theologischer und lebenspraktisch-ethischer Aussagen mit zum Teil kirchenrechtlicher Relevanz. Rulings, sogenannte Ausführungsbestimmungen, die nicht allgemein zugänglich sind, ergänzen das Manual. Das Manual kann auf Antrag zu den Weltkirchentagen in der Generalversammlung angepasst oder ergänzt werden. Die Deutungshoheit in Zweifelsfällen liegt zwischen den Weltkirchentagen ausschließlich bei den Generalsuperintendenten.

(Quelle: Wikipedia)

Die christlich-jüdische Kultur ist die Leitkultur, die die Grundlage von Staat und Gesellschaft bildet. Aus ihr heraus sind bestimmte „preußische“ Kardinalstugenden entstanden – Pünktlichkeit, Sauberkeit, Fleiß, Strebsamkeit, Glaube, Ehrlichkeit, Höflichkeit und Freundlichkeit seien hier als Beispiele genannt.

Zu Deutschland gehören nur Christentum und Judentum; sie sind von Anfang an hier vertreten, sie prägten das Land über lange Zeit. Es mag derzeit eine massive Zuwanderung fremder Kulturen und Religionen geben. Bestimmte Anpassungsleistungen sind von diesen Zuwanderern zu erwarten. Die Eingliederung in unser Wertesystem gehört genauso dazu (zumindest im öffentlichen Leben) wie das Erlernen der deutschen Sprache.

Religion ist Privatsache. Oder? Auch hier gilt: Im Rahmen der wehrhaften Demokratie muß kontrolliert werden können und dürfen, ob und inwieweit fremde, zugewanderte Religionen und Kulturen in unser Wertesystem passen. Es kann nicht angehen, daß die Religionsfreiheit dazu mißbraucht wird, um unseren Staat und unsere Gesellschaft zu bekämpfen. Wer in einer anderen Welt leben möchte, darf sie sich auch gerne woanders suchen.

Dinslaken-Lohberg

Dinslaken ist die nördliche Nachbarstadt von Duisburg. Auf unrühmliche Art und Weise bekannt geworden ist sie durch die Lohberger Brigaden.

Lohberg ist ein Stadtteil der niederrheinischen Stadt Dinslaken und im Kern eine Bergarbeitersiedlung, die um eine mittlerweile stillgelegte Zeche herum entstanden ist. Werfen wir daher zunächst einen Blick in die örtliche Geschichte.

Ein Blick in die Geschichte

Um das Dinslakener Bandeisenwalzwerks mit Kokskohle zu versorgen, gründeten die Vorstände Fritz Thyssen, Joseph Thyssen und August Thyssen sowie Bergassessor Arthur Jacob am 30. Dezember 1905 die Gewerkschaft *Lohberg*. Um einem Mißverständnis gleich vorzubeugen: Der Begriff „Gewerkschaft" meint hier nicht etwa den Zusammenschluß von Arbeitnehmern; damit ist vielmehr ein Bergwerk gemeint.

1907 begann das Abteufen der Schächte *Lohberg 1* und *2* an der Landstraße zwischen Dinslaken und Hünxe. 1912 erreichten die Schächte in 475 und 481 Metern die ersten Flöze. 1921 wurde der Schacht *Lohberg 3* in Dinslaken-Hiesfeld abgeteuft, der jedoch schon 1922 aufgegeben wurde.

Ende 2005 wurde die Zeche stillgelegt. Zahlreiche der mehr als 1.400 Mitarbeiter wurden auf andere Zechen verteilt oder gingen in den Vorruhestand. Der Schacht 4 (Hünxe) wurde von dem Bergwerk Prosper-Haniel übernommen und ist noch als Wetterschacht aktiv.

Seit Juni 2007 wird das Zechengelände bis auf einen Teil der historischen Bausubstanz (Pförtnerhaus, Betriebsgebäude und Fördermaschinenhäuser) abgebrochen.

Das Zechengelände hinterläßt heute einen heruntergekommenen, weil vernachlässigten Eindruck. Hier sollte wohl – auch mit Geldern der Europäischen Union – Kreativwirtschaft angesiedelt werden. Außer einem großzügig angelegten Park ist aber noch nichts herumgekommen.

Die Siedlung Lohberg

Um weiteres, zusätzliches Personal von auswärts anwerben zu können, entstand ab 1907 eine Bergarbeiterkolonie von ganz besonderem Rang. Sie wuchs – Kriegswirren und sonstigen Hindernissen zum Trotz – explosionsartig: Im Jahr 1920 zählte sie nicht nur 918 Häuser mit 1334 Wohnungen. Auch eine komplette Infrastruktur gehörte schon dazu: Schulen, Kindergärten, Geschäfte und Handwerksbetriebe sorgten dafür, dass die Bewohner vor Ort mit allem Lebensnotwendigen versorgt werden konnten. Nutzgärten gehörten – wie damals im Ruhrgebiet so üblich - zu jeder Wohnung. Die Garten- und Pachtlandschaftsbewirtschaftung sowie die Kleinviehhaltung war neben der Haushaltsführung Frauenarbeit.

Auch architektonisch galt die Siedlung, die nach einem einheitlichen Bebauungsplan und den Ideen der Gartenstadtbewegung angelegt war, als Mustersiedlung. Sie wurde so zum Vorbild für den Siedlungsbau anderer Unternehmen. „Um den Johannesplatz im Zentrum ist ein weitläufiger Bogen geschlagen, von dem radial Straßen auf den Platz zulaufen. Weitere Gevierte gruppieren sich um diesen Kern. Die meist zweigeschossigen Häuser waren mit drei oder vier Räumen im Vergleich zu anderen Kolonien großzügig bemessen; einige hatten flexible Wände, um für kinderreiche Familien einen weiteren Raum abteilen zu können. Unterschiedliche Hausformen mit landhausartigen Elementen geben der Siedlung ein abwechslungsreiches Bild. Dazu tragen auch die hell verputzten Fassaden, Balkone und Veranden, die grünen Fensterläden und roten Falzziegel bei," stellt der Regionalverband die Siedlung in einer seiner Schriften vor.

Die Siedlung Lohberg gehört heute zur Route der Industriekultur, die vom Siedlungsverband Ruhr (dem früheren Kommunalverband) betrieben wird. Sie mag für Fachleute touristisch interessant sein. Massen lockt sie aber nicht an.

Ein eindeutiges Zentrum, das es dem Besucher erlaubt, Lohberg kennenzulernen, ist hier nicht auszumachen. Kein Marktplatz, kein Besucherzentrum, keine Einkaufsstraße sind hier zu sehen. Vom örtlichen Hauptbahnhof aus ist Lohherg zwar mit Bus und Bahn erreichbar, aber auch eben nur mäßig. Der Siedlungscharakter ist zwar noch offensichtlich, zumindest dann, wenn man ein Auge dafür hat.

Die Fehler kommunaler Infrastruktur- und Wirtschaftspolitik fallen schon beim unbefangenen Schlendern durch die Straßen auf. Hier sind keine neuen Betriebe angesiedelt worden, sei es Dienstleistungen, Handwerk oder Industrie. Das Alte wurde gepflegt, Neues nicht geschaffen. Attraktivität sieht anders aus.

Die Bevölkerung

Rund 5.800 Menschen leben heute in Lohberg. Viele von ihnen sind nichtdeutsche Zuwanderer, viele von ihnen türkischstämmig. Dementsprechend gibt es nicht nur zwei evangelische Kirchen, sondern auch zwei muslimische Moscheen vor Ort. In der Sekundärliteratur ist zu lesen, daß rund 40 % der Menschen aus der Türkei zugewandert sein sollen.

Die Lohberger Brigaden

Beim Militär ist eine Brigade ist die kleinste Einheit des Heeres, die aufgrund ihrer Organisation, Personalstärke und Ausrüstung in der Lage ist, operative Aufgaben selbständig zu lösen.

Mit militärischen Strukturen haben die Ereignisse in Dinslaken etwa ab dem Jahr 2010 nichts zu tun. Als Lohberger Brigade wird in der Öffentlichkeit eine Gruppe von rund 25 Personen aus der salafistisch-dschihadistische Szene im Stadtteil bezeichnet. Mehr als ein Dutzend dieser Personen waren bzw. sind nach Syrien ausgereist. Einige von ihnen sind wieder nach Deutschland zurückgekehrt, andere wohl im Kriegsgebiet verstorben. Vor der Gründung der Gruppe hatten sich einige ihrer Mitglieder bei den Grauen Wölfen radikalisiert.

Philip ist ethnischer Deutscher. Irgendwann zum Islam übergetreten, Er reiste als einer der ersten aus Nordrhein-Westfalen aus und bekannte sich zum Islamischen Staat. Dessen selbsternanntem „Kalifen" gelobte er die Treue und rief seine Glaubensbrüder dazu auf, nach Syrien zu kommen und im Kampf gegen die Ungläubigen „alles für Allah zu geben". Philip gilt als Selbstmordattentäter 2014 mit einem LKW voller Sprengstoff selbst in die Luft sprengte und dabei 20 Menschen mit in den Tod riß.

Interessant ist ein Abschnitt, der im Wikipedia-Beitrag über die Lohberger Brigaden zu finden ist. „Die liberal-islamisch orientierte Religionspädagogin Lamya Kaddor stellte 2013 mit Enttäuschung fest, dass fünf der Personen, die sich der Lohberger Brigade angeschlossen hatten und nach Syrien gegangen waren, zuvor Schüler ihres Schulversuchs „Islamkunde in deutscher Sprache" gewesen waren, des Vorgängermodells für den heute regulären Islamunterricht in Nordrhein-Westfalen. In Dinslaken sei die Integration „gnadenlos gescheitert", der Salafismus sei dort zu einer Jugendbewegung geworden. Als eine Ursache für den salafistischen Extremismus in Lohberg und anderen Orten in Deutschland konstatierte Eyüp Yildiz, erster stellvertretender Bürgermeister von Dinslaken (SPD), eine „Blase aus religiöser und sozialer Abschottung", zu der auch eine Begeisterung für den türkischen Präsidenten Recep Tayyip Erdoğan gehöre, sowie eine „gescheiterte Integrationspolitik". (Stand: 10. Februar 2018)

Ein Besuch in Lohberg

Kommt man zufällig als Besucher nach Lohberg, wirkt dort alles ruhig und friedlich, wie in anderen Ruhrgebietsstädten auch. Natürlich tragen türkischstämmige Frauen Kopftuch. Am Samstag ist um 12 Uhr aber auch das Läuten der evangelischen Glocken zu hören. Einkaufsmöglichkeiten gibt es nur am Rande. Es fehlt ein wenig der Flair, den hübsche Stadtteilzentren zu bieten haben – Fußgängerzone, Cafés mit Außengastronomie für warme Sommertage, eine Stadtteilbücherei und andere Annehmlichkeiten, wie sie es auch im Ruhrgebiet gibt. Für junge Menschen muß das Langeweile pur sein.

Ein paar eigene Gedanken

Was bewegt junge Menschen, den bisherigen, christlichen Lebensstil aufzugeben, zum Islam zu konvertieren und dann auch noch in den Krieg zu ziehen? Abenteuerlust? Perspektivlosigkeit? Ein hoher Migrantenanteil ermöglicht es auf jeden Fall, fremdländische Kulturen kennenzulernen.

„Ich bin froh, nicht 1950 zu leben," berichtet Heinrich Bedford-Strohm, Ratsvorsitzender der EKD. „Wer damals aus der Kirche ausgetreten ist, wurde sozial sanktioniert, und sei es nur, daß die Schwiegermutter nicht mehr für die Person kochte."

Ist soziale Kontrolle wirklich verwerflich? Können Eltern heute wirklich keine christlich-konservativen Anschauungen mehr vermitteln – weil sie sie selbst nicht mehr kennen? Und können Haupt- und Realschulen angesichts unsinniger, weil gleichmacherischer pädagogischer Experimente ihre Schüler nicht mehr auf das Berufsleben (wenigstens das!) vorbereiten. Deutschland ist eine der gottlosesten Regionen in ganz Europa, auch dank des kommunistischen Erbes in Osteuropa / Ostdeutschland.

Frißt der Laizismus, die Trennung von Kirche und Staat ohne Kontrolle der Radikalen und Extremisten, inzwischen seine eigenen Kinder. Hier sind Staat und Zivilgesellschaft gleichermaßen gefordert.

Mit Stand vom 10. Februar 2018 ist der Artikel „Im Einsatz für den islamischen Staat *Die Ausreise Jugendlicher und junger Erwachsener aus Deutschland nach Syrien und in den Irak"* auf den Seiten der Bundeszentrale für politische Bildung einzusehen.

Was macht den gewaltbereiten Salafismus so interessant? Wie geraten Jugendliche in die Fänge und Strukturen des Dschihad? Solchen Fragen ging der WDR-Fernsehreporter Ahmet Senyurt nach und machte sich auf den Weg nach Dinslaken-Lohberg, von wo bereits 25 Jugendliche nach Syrien aufbrachen, fünf von ihnen sind inzwischen tot.

"Das ist mehr als Krieg spielen, es ist eine gewaltorientierte Ideologie von einer besseren Welt, die die Religion nutzt", warnt Senyurt – und erhebt schwere Vorwürfe gegen die Kommune, in der offenbar viele Anzeichen einer Radikalisierung unterschätzt wurden.

Längst nicht alle Kampfwilligen seien von der Herkunft oder vom Elternhaus her muslimisch geprägt, auch "Bio-Deutsche" suchen Anschluss, so Senyurt: "Doch der organisierte Islam hat diesen Jugendlichen hier nichts anzubieten. Sie verstehen die Predigten in der Moschee nicht und gehen ins Internet. Sobald sie aber da das Wort Islam eingeben, landen sie auf salafistischen Seiten."

Wie aber führt ihr Weg in den Krieg? Ahmet Senyurt fuhr zunächst nach Fatih, einem Stadtteil in Istanbul, von dem aus die Jugendlichen weiter geschleust werden. Er folgte ihnen mit seiner Kamera in das Örtchen Hatay in der südtürkischen Provinz. Hier, nahe der syrischen Grenze, werden sie mit Ausrüstung versorgt, in die Wirtschaftsstrukturen eingeführt und erhalten ihre persönlichen Aufgaben. Dazu gehöre auch, Gefängnisse zu überwachen oder gegen Drogenhändler vorzugehen, erfuhr der Journalist: "Sie treffen vor Ort auf schlaue, akademisch ausgebildete Leute. Und man macht ihnen durchaus attraktive Angebote. So bekommt ein Offizier des Islamischen Staates (IS) etwa 2500 Dollar Lohn, eine Wohnung, zudem Prämien für eine Ehe und Kinder."

Absätze wie diese machen schon nachdenklich. Hat hier die schulische Sozialarbeit versagt? Hätten Jugendamt, Schulaufsicht und Lokalpolitik besser gegen die örtlichen Strukturen vorgehen können, nein: müssen? Im Nachhinein Schuldzuweisungen auszusprechen wäre vielleicht der falsche Weg. Es könnte aber schon hilfreich sein, aus den Fehlern der Vergangenheit zu lernen, mehr soziale und wirtschaftliche Zukunftschancen zu bieten, aber auch den organisierten Islam auf Subkulturen hin zu kontrollieren.

Über die Freiheit (zusammen mit Felicia Rüdig)

Freiheit ist in der Regel die Möglichkeit, ohne Zwang zwischen unterschiedlichen Möglichkeiten auswählen und entscheiden zu können. In Philosophie, Theologie und Recht bedeutet dies die Autonomie des Subjekts.

Was meint Freiheit im politischen Leben? Die Meinungsfreiheit gehört dazu, Pressefreiheit, die Freiheit von Forschung und Lehre, Religionsfreiheit, Reisefreiheit, Freizügigkeit, Niederlassungsfreiheit, Koalitionsfreiheit und die Freiheit der Berufswahl.

Und im gesellschaftlichen Bereich? Hier verschwimmen die Werte. Scheidung und Ehe für alle gehören genauso dazu wie zerschlissene Hosen und Selfies, Religionswechsel (incl. Religionslosigkeit), Familienfeindlichkeit, Kinderlosigkeit, erstarkter Feminismus, Inklusion, Integration und Zuwanderung, Transgender, Veganismus und Vegetarismus - die Zahl der Veränderungen ist Legion.

Freiheit hat also was mit Bindungs- und Beziehungslosigkeit sowie Beliebigkeit zu tun. Regeln sind dazu da, um sie zu brechen. Wer sich daran hält, ist selbst schuld. Oder?

Es ist wie mit dem Kategorischen Imperativ und Kant. Es gibt keine grenzenlose Freiheit. Sie hört bekanntlich dort auf, wo die Freiheit des Anderen beginnt. Freiheit meint hier eher die Abwesenheit von staatlicher Willkür und Gängelei sowie die Möglichkeit der organisierten Mitsprache. Ob wir für alles und jedes eine Lobbyorganisation brauchen, sei einmal dahingestellt. Daß wir mit der Vereinsmeierei übertreiben kann gut sein. Bislang sind wir gut damit gefahren.

Freiheit heißt, die Zukunft offen zu gestalten. Digitalisierung. Medizinischer Fortschritt. Energie des 22. Jahrhunderts. Friedliche Religiosität. Wanderungsbewegungen der Zukunft. Beherrschbarkeit des Klimawandels. Demographischer Wandel und Begrenzung des Bevölkerungswachstums. Absicherung des Sozialsystems. Hört sich sicherlich nach vielen Punkten an, die gelöst werden sollen / wollen und die die Freiheit der Phantasie sowie die Beweglichkeit des Geistes erfordern.

Bestimmte Konstanten ziehen sich dabei auch durch das private wie öffentliche Leben. Ehe und Familie (wozu natürlich auch Kinder gehören) sind genauso Bestandteil dieser Konstanten wie soziale Absicherung, Schutz der natürlichen Umwelt, ein geordnetes Gemeinwesen, Bildung, Strebsamkeit, die Übernahme von Pflichten im Wirtschaftsleben (z. B. hinsichtlich der Unternehmenssteuern), das Respektieren natürlicher Lebensformen u. a.

Das hört sich nach einem konservativen Liberalismus an, nicht wahr? Vieles ist auch in diesem Sinne gemeint. Als Person schränkt man freiwillig seine individuelle Freiheit ein und ermöglicht so Fortschritt.

Teleportation. Gedankenfernübertragung. Zeitreisen. Die Besiedlung des Weltrauems. Vieles hört sich heute noch nach Science-Fiction an und kann trotzdem morgen schon Realität sein. Technik- und Wissenschaftsglaube kann so mit Glaube und Hoffnung an die Zukunft verbunden werden.

Paul Weyers, der niederrheinische Autor (zusammen mit Felicia Rüdig)

Paul Weyers wurde 1890 in Dülken geboren, wo er auch 1972 starb. Er ist als niederrheinischer Mundartdichter in die Geschichtsbücher eingegangen. Der größte Teil seiner Werke entstand erst nach seiner Pensionierung; zentrale Themen waren die kleinen Eindrücke seines täglichen Lebens und Alltagsbeobachtungen des typischen Niederrheiners.

Sie haben den Namen noch nie gehört und kennen den Autoren nicht? Geht mir genauso. Ich bin erst auf ihn gestoßen, als ich im Internet nachgeschaut habe, über welche niederrheinbezogenen Themen ich in den kommenden Wochen und Monaten schreiben kann.

Ich gebe es gerne zu: Ich habe nicht nachgeschaut, ob Weyers Bücher in einer öffentlichen Bücherei vertreten sind, in Mönchengladbach oder sonstwo am Niederrhein.

Ein Fehler? Möglicherweise schon. In Zeiten, in denen immer mehr Hochdeutsch gesprochen und die Sprache von Anglizismen überflutet wird, befindet sich die Mundart auf dem Rückzug. Sie wird nur noch wenig gesprochen und noch weniger verstanden.

Multi-Kulti sei Dank - die klassische Mundartdichtung befindet sich auf dem Rückzug. Wie kann sie eine Renaissance, eine Wiederbelegung, wenn nicht gar eine Wiedergeburt erleben?

Auch von ländlichen Niederrhein gibt es bestimmt viel zu erzählen; von Liebe, Leid und Eifersucht, von der Nachbarschaft, Kindermund, Fußball und anderen menschlichen Geschichten. Doch welche Sprache wird dabei benutzt? Dialekt sprechen heute bestenfalls noch Leute im besten, also vorgerückten Alter. Wird Mundart in Zukunft neben deutschen auch englische, türkisch-kurdisch-arabische und afrikanische, wenn nicht gar russische, polnische und chinesische Ausdrücke beinhalten? Es bleibt zu hoffen, daß Mundart nicht zu einem Kauderwelsch verkommt, das niemand mehr versteht.

Beeckerswerth

Die Herren von Beeck, das Adelsgeschlecht von Stecke, ließen sich im 13. Jahrhundert als erste in Beeckerwerth nieder. Hier errichteten sie am Rhein ihr Gut Haus Knipp. Das befestigte Schloss wurde urkundlich erstmals 1292 erwähnt. Es lag damals auf der Anhöhe einer kleinen Insel - einer Knypp -. Bis zu seiner Zerstörung durch Überflutungen im Jahre 1571 war es Sitz der Gerichtsbarkeit. 1620 wurde es wieder neu errichtet, allerdings weiter landeinwärts. Die Gerichtsbarkeit zog in das Kirchdorf Beeck, zu dessen Amt die Bauerschaft Beeckerwerth gehörte. 1809 wurde das Amt Beeck französisch und mit Holten zur Bürgermeisterei Beeck-Holten zusammengefasst. 1886 wurde die Bürgermeisterei Beeck wieder selbständig. 1904 wurde Beeckerwerth zusammen mit Beeck und Laar nach Ruhrort eingemeindet. Am 1. Oktober 1905 wurde Beeckerwerth durch die Eingemeindung Ruhrorts ein Duisburger Stadtteil.

August Thyssen kaufte Anfang des 20. Jahrhunderts den Großteil des Beeckerwerther Grundeigentums auf, 1914 auch Haus Knipp und dessen Ländereien. Das Haus Knipp fiel der Rheindeicherhöhung von 1939 zum Opfer. Die Haus-Knipp-Eisenbahnbrücke: 1912 erbaut, 1945 gesprengt und 1946 wieder aufgebaut. 1916 begann man in Beeckerwerth mit dem Abteufen eines ersten Schachts zur Kohleförderung. Es entstanden Zechenkolonien. 1963 wurde die Zeche in Beeckerwerth geschlossen.

Beeckerswerth ist der wichtigste Standort des Liberalismus Duisburger Prägung. Hier wurde die Unabhängige Liberaldemokratische Partei Deutschlands gegründet. Hier wurde ihr Gründer Fridolin Müller-Meyer-Mayer geboren und begraben. Hier erzielt sie regelmäßig bei Wahlen ihre besten Ergebnisse, teilweise über 20 %. Dementsprechend ist sie aus eigener Kraft in der Bezirksvertretung und im Rat der Stadt vertreten. In Wahlbündnissen mit Theokraten, Religiösen Sozialisten, Maskulinisten, dem Bündnis für Integration und Innovation sowie der Vereinigung Liberaler Muslime schafft es der liberale Direktkandidat auch immer wieder, in das nordrhein-westfälische Landesparlament in Düsseldorf einzuziehen.

„Wir wollen aber mehr als ein Standbild für Müller-Meyer-Mayer," fordert Gisbert Fridolin Graf Etzelsbürger, der heutige Parteivorsitzende.

Sein erster Ansatz: Der Aufbau einer „Bibliothek des Liberalismus". Dort werden Bücher gesammelt, die sich im weitesten Sinne mit dem Liberalismus beschäftigen, Biographien genauso wie Quellentexte u. v. m. Angeschlossen ist ein kleines Museum; die dortige Ausstellung stellt Persönlichkeiten und Arbeit der Partei vor.

„In unserer Bücherei gibt es leider nicht viel Platz," berichtet Gesine Freifrau Gehrensheim, die Bibliotheksleiterin. „Wir mieten immer wieder Räumlichkeiten an, beispielsweise in Kirchen oder Kneipen, und halten dort Vorträge ab."

Interessant ist auch die Zusammenarbeit mit einer örtlichen Werbeagentur. Dort werden kreative, vor allem aber experimentelle Wahlkampfkonzepte entwickelt und durchgeführt. Wie erreiche ich Erst- und Nichtwähler, wie Neubürger, Jugendliche und andere Zielgruppen? Welche Medien nutze ich? Welche Inhalte sind wichtig? Zeppeline sorgen für Werbung in der Luft, Rap und HipHop für Informationsvermittlung im Netz und Gedankenfernübertragung für die gezielte Ansprache von Multiplikatoren. „Direktansprache erfolgt jetzt nicht mehr von Mund zu Mund, sondern direkt von Gehirn zu Gehirn. Das ist effektiver, billiger und schneller," so die Freifrau.

Ein Stadtteil, ganz vom Liberalismus geprägt. Es ist ähnlich wie bei Asterix & Obelix. Es gibt auch Andersdenkende, die mit parteipolitischer Arbeit dem entgegenhalten möchte – Trotzkisten, Maoisten, christliche Nationalisten und in geringem Umfang auch Gründemokraten, ökologische Marxisten-Leninisten und andere. Wir dürfen gespannt sein, was sich diese Damen und Herren an Ideen einfallen lassen.

Taktgefühl (zusammen mit Felicia Rüdig)

Taktgefühl ist die umgangssprachliche Fähigkeit einer Person, mit anderen Menschen in Kontakt zu stehen, ohne sie zu brüskieren, zu beschämen oder ihnen unangemessen zu nahe zu stehen.

Gibt es Taktgefühl heute noch? Sind wir heute noch in der Lage und / oder willens, taktvoll mit anderen Leuten in Verbindung zu stehen? Manchmal sind Zweifel daran erlaubt. Man kann schnell den Eindruck gewinnen, großmannssüchtiges Geschrei, intrigantes Verhalten, übermäßiges Konkurrenzdenken und Prahlerei hätten dermaßen Überhand gewonnen, daß Taktgefühl abhandengekommen ist.

Nehmen wir das Fernsehen. Der gekonnte Auftritt in Talk-Shows ist für Berufsgruppen wie Politiker, Sportler und Künstler wichtiger als die tatsächliche berufliche Leistung - diesen Eindruck gewinnt man als Zuschauer schnell. Medienwissenschaftlich wäre es schon interessant, herauszufinden, ob dieser Eindruck stimmt, ob hier wirklich etwas "aus dem Takt" geraten ist.

Taktgefühl hat etwas mit Empathie = Einfühlungsvermögen, höfliche Umgangsformen, aber auch mit Sachkenntnis und rhetorische Fähigkeiten zu tun. Wer ein öffentliches Amt in Führungsposition (ganz egal, auf welcher Ebene, öffentlichem Dienst, Privatwirtschaft, Verbandsarbeit o. ä.) anstrebt, sollte sich schon vor Amtsantritt dementsprechend weiterbilden. Karriereschädlich wird es bestimmt nicht sein...

Faulheit

Faulheit wird auch Trägheit genannt. Der Mangel an (zu erwartender) Aktivitäten ist bei uns Menschen ist damit gemeint. Auch Anstrengungsvermeider werden mit diesem Begriff tituliert.

Die abwertende, oft als beleidigend empfundene Eigenschaftszuschreibung von Anstrengungsvermeidern als „faul" basiert auf der Beobachtung, dass die so Charakterisierten offenbar mit einer mangelnden Motivation ausgestattet sind. Mangelnd motiviert kann jemand sein, der unter einem allgemeinen Mangel an Energie leidet (z.B. in Form eines Burnout-Syndroms), der eine Tätigkeit nicht für sinnvoll hält, der von ihr zu wenige Erfolgserlebnisse erwartet oder der zu wenige Erfolge in der Vergangenheit mit dieser Tätigkeit gehabt hat.

Mein Gaul

ist faul

steht er vor dem Karren,

will er dort verharren

ist Fuß vor den andern?

nein, das wäre Wandern!

Weg, an einen andern Ort?

nein, dann ist man von zuhause fort!

das Wandern ist des Müllers Lust?

das bedeutet für ihn Frust

sich regen

bedeutet keinen Segen

es rinnt der Schweiß

was er weiß

steht er im Stall

vor dem Heu, dem Wall

ist er zufrieden

liegt er auf dem Boden darnieder

Wie kann man ein Pferd, einen faulen Gaul zur Arbeitsleistung antreiben? Mit mehr Futter? Schlägen? Dem Anblick einer Stute? Nein, mitnichten.

Die Lösung ist viel einfacher: mit Gedankenfernübertragung. Das Kommando "wwwieher wiehhher wieherrr" steht beispielsweise für "Los, steh auf, es geht zur Kutsche". Und "Ia ia ia" heißt so viel wie "Los geht`s". Woher ich das alles weiß? Ich bin ausgebildeter Tierpsychologe mit dem Schwerpunkt Pferdewissenschaften

Die edlen Rösser haben mich schon von Kindesbeinen an interessiert und begeistert. Ich bin auf einem Gestüt aufgewachsen, müssen Sie wissen, liebe Leser. Das Reiten habe ich aber nie gelernt - dafür waren meine Beine wohl auch zu schwach ausgebildet (sogenanntes Storchenbein-Syndrom).

Also mußte ich mir einen anderen Weg suchen. Geholfen hat mir die Pferde-Naturheilkunde (auch Pferde-Homöopathie genannt). Gibt man den Tieren gewisse Mengen Walerium, Kümmel, Kürbiskerne, Äther und Anti-Ammoniak, entwickelt sich ihr normalerweise unterentwickeltes Gedankenfernübertragungsorgan vollständig aus. Ein Blick in das Gesicht des Menschen und sie können anhand der Mimik und Gestik erkennen, was sie tun sollen. Nur der Böse Blick der Frauen funktioniert nicht. Naja, und wir Menschen können ja sowieso Gedanken über weite Strecken schicken.

Seit ich das weiß und anwenden kann, ist das Leben wirklich einfacher.

Melancholie

Melancholie wurde früher auch Traurigkeit, Niedergeschlagenheit, Trübsinn oder Trübsal genannt. Ihr heutiger Name lautet "Depression". Ein tristes, graues Weltbild und Antriebslosigkeit sind charakteristisch dafür.

Mein Trübsal

füllt einen ganzen Saal

mein Trübsinn

gehört dort überall hin

Eine Qual ist mein Leben

ihm zu entrinnen ist mein Streben

mit dem Erhängen

entfliehe ich allen Zwängen

es zerriß das Seil, ich fiel

nur anders erreiche ich mein Ziel

ich will mich erschießen

eines tat mir den Mut vermiesen

das Gewehr ist länger und lang

seh ich die Kugel, wird mir bang

trink ich den Schirlingsbecher mit dem Mund

tut sich der Tod von unten her kund

das Öffnen der Pulsadern? oh nein!

das verursacht nur Pein

ich spring von der Brücke!

bei meinem Glück: Ich geh´ an der Krücke

Die Melancholie kam bei mir schleichend. Meine Nachbarin ist die wunderhübscheste Frau der Welt. Blond, kornblumenblaue Augen, roter Kuß- und Schmollmund, große Titten, breites Becken, lange Beine - was will der Mann mehr?

Ganz einfach: Sie küssen, ihre Liebeskünste genießen. Nur ich, ich darf es nicht. Ich würde sie an ihren Bruder erinnern, behauptet sie. Fett, faul, häßlich und unordentlich sei ich.

Wie kann ich diesem Teufelskreis entrinnen? Ich habe Fotos von ihr, Poster, Zeichnungen, eine Gummipuppe mit ihrem Konterfei, Figuren aus Holz und Wachs. Ich onaniere und masturbiere mit Bildern von ihr im Kopf. Doch das läßt alles nur schlimmer werden. Schließlich liegt sie nicht neben mir im Bett.

Dieser blöde Kerl! Eigentlich ist er ja ganz hübsch und sympathisch. Würde er ein bißchen mehr auf sich achtgeben, könnte ich ihn ja mal zu einer Tasse Kaffee zu mir einladen...

Unbestechlichkeit

Unbestechlichkeit ist die Fähigkeit, einem verlockenden materiellen Angebot zu widerstehen.

Gibt es die Unbestechlichkeit nur in Politik, Polizei und Justiz? Eventuell noch im Wirtschaftsleben? Für den Außenstehenden ist dies nur schwer einschätzbar.

Unbestechlichkeit ist sicherlich eine löbliche und lobenswerte Charaktereigenschaft, die so etwas wie Standhaftigkeit beinhaltet. Die Verlockung mag noch so groß sein – eine unbestechliche Person kann ihr widerstehen.

Was ist der Vorteil von Unbestechlichkeit? Ein Imagegewinn in der Öffentlichkeit, ein Mehr an Selbstwertgefühl, die Einsicht in die eigene moralische und wirtschaftliche Unabhängigkeit, das Nichtvorhandensein an Erpreßbarkeit mögen hier als Argumente genannt werden.

Bringt Unbestechlichkeit auch Nachteile? Insbesondere dann, wenn man es mit (über-)mächtigen Gegnern zu tun hat, kann ein gewisses Maß an Entgegenkommen schon nützlich sein.

Gibt es in unseren Tagen noch so etwas wie Unbestechlichkeit? Es ist schwierig, Personen des öffentlichen Lebens zu benennen, die ihr Leben lang der Versuchung widerstanden haben und unbestechlich geblieben sind. Macht korrumpiert; wer in seinem Berufsleben Erfolg hat und in Leitungsfunktionen aufgestiegen ist, wird Kompromisse machen müssen und ist fast automatisch anfällig für Verlockungen.

Korruption, die bewußte Entgegennahme von Bezahlung für Vorteilsvergabe – ist sie mit Bestechlichkeit / Unbestechlichkeit verbunden? Irgendwie schon, zumindest dann, wenn sie systematisch erfolgt. Vetternwirtschaft ist kein Ideal der Politik, sondern eher die Aussage: Eignung und Leistungsbereitschaft gehören zu den hehren Zielen, möge der Bessere gewinnen. Konkurrenz belebt schließlich das Geschäft. Fair Play ist dabei wichtig, nicht der prall gefüllte Geldbeutel, der den Vorteil sichert.

Meliorisierung

Die Meliorisierung meint die „Verbesserung" des Menschen, seiner Beziehungen und der gesellschaftlichen, wirtschaftlichen und kulturellen Strukturen, die seine Lebensweise bestimmen.

Wie sieht ein guter Mensch aus? Dies ist sicherlich eine interessante Frage, bei der die Antwort situationsabhängig und daher nicht eindeutig ist.

Der „gute" Mensch ist ein freundliches Wesen. Er ist hilfsbereit und bodenständig. Er ist zuverlässig, arbeitsam und treu. Die Liste der Charaktereigenschaften ließe sich sicherlich fortsetzen.

Dazu gehört, daß man die Möglichkeit erhält, soweit möglich seinen Lebensunterhalt selbst zu verdienen. Selbstverständlich müssen Alte, Kranke, Behinderte, Mütter in der Erziehungszeit und andere Hilfsbedürftige unterstützt werden. Demgegenüber müssen diskriminierende Faktoren wie Alter, Geschlecht, Herkunft usw. nicht nur formal, sondern auch in unseren Köpfen beseitig werden. Wer wirtschaftlich erfolgreich ist, muß auch freiwillig seinen Beitrag zum Gemeinwesen und Gemeinwohl leisten.

In der Bibel lesen wir nicht umsonst, daß nur derjenige ein gottgefälliges Leben führt, der mehr abgibt als seinen überschüssigen Gewinn. Man kann Geld geben, natürlich, sich aber auch mittels Zeit und Arbeitsleistung gesellschaftlich einbringen. Eine Herde an Einzelkämpfern wird niemals erfolgreich sein – Geiz ist genauso wenig geil wie Egoismus, sondern schädlich. Der Mensch ist von Natur aus ein Herdentier; nur die Gemeinschaft und die Gemeinschaft machen ihn stark.

Ein Gedicht (Felicia Rüdig)

Jesus, du mein König

Du mein König

Du bist meine Hoffnung

Dir vertraue ich mein Leben an

Gott

Dich liebe ich

An Dich glaube ich

Du bist mein Kompaß

Dir vertraue ich

Heilige Geist

Du bist meine Kraft…

Der Hausmann

Der Hausmann ist das Ergebnis eines Rollentausches. Die Frau übernimmt die Rolle der Familienernährerin, während sich der Mann um die Hausarbeit und Erziehung der Kinder kümmert.

Der Beruf des Hauswirtschafters ist nach dem Berufsbildungsgesetz staatlich anerkannt. Kochen, spülen, Wäsche waschen und bügeln, putzen und Staub putzen – das sind seine Tätigkeitsinhalte.

Bissingheim heißt ein Stadtteil im Süden der Ruhrgebiets-Niederrhein-Metropole Duisburg Er hat sich zu einem Zentrum der Hausmannskunst entwickelt. „Schuld daran ist der Nachbarstadtteil Wedau," wehklagt Ansgar, seines Zeichens selbst alleinerziehender Hausmann.

Dort gibt es viele frauentypische Arbeitsplätze, wie er berichtet, im Reinigungsgewerbe, Gastronomie, Handel und im Freizeitbereich. Unregelmäßige Arbeitszeiten, schlechte Verkehrsanbindungen und geringe Bezahlung bestimmen das Arbeitsleben. Die Folge: Immer mehr berufstätige Frauen sind nach Wedau umgezogen, haben sich in Wohngemeinschaften zusammengeschlossen und ihre Männer als sogenannte Strohwitwer zurückgelassen.

Manche Herren der Schöpfung hatten eh´ schon als Selbständige freiberuflich von zuhause aus gearbeitet, manchen waren Rentner, viele arbeitslos. Bei einigen waren auch noch schulpflichtige Kinder vorhanden, um die sich jemand kümmern mußte.

Die Arbeitsverwaltung ergriff die Initiative und bildete diejenigen zu Hauswirtschaftern aus, bei denen es möglich war.

In Nachbarschaftshilfe begannen die Männer, sich um Haus und Hof (nein, besser: Haus und Garten) zu kümmern. „Wenn man Spaß daran hat, macht sich der Haushalt wirklich ganz von alleine," behauptet zumindest Karl-Gustav. „Ich verstehe gar nicht, warum Frauen immer klagen." Daß die Frauen ihre Männer finanziell unterstützen, soll hier nur am Rande erwähnt werden.

Daß eine Tätigkeit als Hausmann rentenversicherungspflichtige Folgen hat, soll hier nicht verschwiegen werden. Wer nicht (freiwillig) einzahlt, erhält im Alter auch keine Unterstützung.

Daher ist es für Männer schon eine Überlegung wert, ob sie eine Tätigkeit als Hausmann anstreben sollten.

Frömmigkeit (mit Felicia Rüdig)

Due Frömmigkeit wird auch Gottesfurcht genannt. Sie ist tief in einem Glauben verwurzelte Haltung, die sich in einer entsprechenden Lebensgestaltung äußert.

Religiosität und Frömmigkeit gehören untrennbar zusammen. Der Glaube an einen Schöpfergott ist Voraussetzung dafür; am liebsten und besten natürlich an den christlichen Gott. Damit ist nicht gemeint, daß man zwanghaft jeden Sonntag in den kirchlichen Gottesdienst geht. Man kann auch Gott loben und preisen, indem man die biblischen Gebote in die tägliche Praxis umsetzt – christliche Nächstenliebe eben. Man kann Menschen in Not helfen oder in den Medien über kirchliche Themen berichten.

Dies beinhaltet aber auch eine gewisse Standhaftigkeit. Man muß Unrecht als solches benennen dürfen. Familiensinn, Arbeitsmoral, Strebsamkeit, Enthaltsamkeit von Drogen und Alkohol, Ehrlichkeit und Bildung können die Grundlagen für viele weitere Sekundärtugenden sein.

Wer anderen Leuten gibt, wird selbst in Notzeiten erhalten. Wer andere Leuten fair behandelt, wird auch von ihnen Fairness erhalten. Wer andere Leute nicht ausnutzt, wird auch selbst nicht ausgenutzt werden.

Frömmigkeit hat nichts mit Weltfremdheit zu tun. Auch ein frommer Mensch kann und darf bodenständig fest mit beiden Beinen auf dem Boden stehen. Er wird es sogar müssen. Es kann nicht nur Träumer geben; es werden auch Macher gebraucht.

Die Männerpartei

Eine Männerpartei gibt es in Deutschland nicht mehr. Mangels Mitglieder und Aktivitäten ist sie inzwischen aufgelöst.

Unterhaltszahlungen werden zeitlich begrenzt. Die Gleichstellungsstellen von Frauen werden abgeschafft. Quotenregelungen und Gender Mainstreaming brauchen wir nicht. Die Scheidung kann auch auf dem Standesamt erfolgen. Frauen haben das gleiche Rentenalter wie Männer.

„Männer aller Länder vereinigt euch!“ möchte man / Mann ausrufen, wenn man / Mann dies liest. Eine mächtige, wirkungsvoll und einflußreiche Interessensvertretung und Lobbyorganisation der Krone der Schöpfung ist wieder vonnöten. Das Zerstörungswerk des männerfeindlichen Feminismus ist schon weit vorangeschritten und droht, um endlich den Sieg davonzutragen. Dem muß etwas entgegengesetzt werden. Auch wenn es immer mehr verweichlichte und frauenverstehende Männer gibt, müssen wir wieder an die Schaltstellen der Macht zu gelangen und das Patriachat wiedererrichten.

Lang lebe der Gott des Gemächts!

Über den Kerzenzieher

Der Kerzenzieher war bis gegen Ende des 19. Jahrhunderts einer der traditionellen Handwerksberufe. Er ähnelt den heute ebenfalls selten gewordenen Sparten wie Sattler oder Tuchmacher. Der Name Kerzen*zieher* kommt von der Herstellungsweise der Kerzen: Der Docht wird wiederholt ins flüssige Wachs getaucht und wieder herausgezogen, bis die Kerze die gewünschte Dicke erreicht.

Dieser Vorgang des Ziehens lässt sich industriell gut automatisieren, sodass der Berufsstand um 1850 an Bedeutung verlor. In Handarbeit werden heute nur mehr Kerzen für besondere Zwecke gefertigt.

Der Kerzenzieher ist kein staatlich anerkannter Ausbildungsberuf nach dem Berufsbildungsgesetz. Warum ihn also an dieser Stelle näher vorstellen und auf ihn eingehen. Für mich ist der Grund so einleuchtend wie naheliegend. Entsprechen journalistisch-literarisch aufbereitet kann Berufskunde durchaus ein spannendes Thema sein.

Welche Berufe gab es früher? Wie und was haben Menschen in längst vergangenen Tagen gearbeitet? Wie hat sich Berufsleben (und daraus resultierend: das Alltagsleben) der Menschen im Laufe der Zeit verändert?

Natürlich lassen sich diese Veränderungen mit bewegten Bildern anschaulich beschreiben. Museen mit ihren Ausstellungsstücken bieten einen haptischen, also sinnlich-fühlbaren Eindruck. BerufeNet, die elektronische Datenbahn der Bundesagentur für Arbeit (und natürlich auch Jobcenter) bietet umfangreiches aktuelles Informationsmaterial.

Wie könnte eine literarisch-schriftstellerische Auseinandersetzung mit dem Beruf des Kerzenmachers aussehen? Hier ein paar Fingerübungen.

Ohne Kerzen

Gibt es viele Schmerzen

In der Nacht, da scheint der Mond

Der Blasendruck ist ungewohnt

Wo sind Klo und Wasserlaßstelle

Wie ich sie find wohl auf die Schnelle?

Der Druck ist groß, es rinnt das Wasser

Feucht an dem Wasserlasser

Mit eines Fußes Lampe

Passiert das keiner Schlampe.

Ich hätt´ schon fast behauptet: Das ist der Grund, warum bei uns im Stadtteil wieder Kerzenzieher als Handwerker arbeiten. Dabei ist es deutlich profaner.

An jeder Straßenecke gibt es bei uns eine katholische Kirche. Und die haben ja per se schon einen horrenden Bedarf an Kerzen, für die Gottesdienste, Prozessionen usw.

Und da gab es noch Pater Theobald. Er wollte nicht nur Weihrauch, Glocken und Weihwasser benutzen. „Ich finde Kerzen in allen Variationen sehr schön," berichtet er. „Teelichter? Grabkerzen? Kerzen in Herzform? Ich bin ein Fan davon."

Doch viele handelsübliche Kerzen sind für den katholischen Gottesdienst / Messe nicht brauchbar.

Sie, liebe Leser, kennen bestimmt die Glaskunst, die so viele farbige, hübsche Fenster in den Kirchen hervorgebracht hat. „Sie haben schon einen Sinn und Zweck," erzählt Theobald. „Sie sollten dem Priester helfen, den leseunkundigen Gottesdienstbesuchern die Bibel anschaulich nahezubringen."

Bunte Glasfenster sind langweilig. Findet zumindest Theobald. „Sie wirken nur im Sommer, bei prächtigem Sonnenschein, am besten,"

Als Kerzenliebhaber machte sich Theobald so seine Gedanken. Kann man auch mit Kerzen die Bibel veranschaulichen? Jesu` Geburt? Seine Kreuzigung? Sein Wirken? Die Apostelgeschichte? Theobald machte sich auf die Suche und fand Edzard den Kerzenmachen. Er war nicht nur bei uns in Wanheim-Angerhausen, sondern auch in ganz Duisburg der letzte seiner Art. Sonst niemand mehr wußte, wie man Kerzen in Handarbeit herstellt, Kerzen in Tierform, Menschenform, Blumenform und vielerlei andere Gestalt.

Und schon in der nächsten Adventzeit konnte Theobald eine ganze Krippenlandschaft in seiner Kirche aufstellen. Seitdem ist eine St. Judas Ischariot – Kirche (Spitzname im Volksmund: „die Verräterkirche") ein kleiner Touristenmagnet. „Kerzenwallfahrten wird es aber nicht geben," betont Theobald energisch. „Ich könnte gar nicht so viele Kerzen kaufen, wie ich dann brauchen würde. Ich habe schließlich auch Heiligenbilder, das Kreuz, den Leidensweg Jesu´, Szenen aus der Bibel und viele andere Motive in Kerzenform bei mir in der Kirche. Da kostet allein schon die Versicherung ein Heidengeld."

Neudorf ist die heimliche und vor allem: selbsternannte Hauptstadt des nichtalkoholischen Cocktails. Fruchthaltige Milchshakes, Fruchtshorlen und eine ganze Bandbreite an Fruchtsäften, die miteinander gemischt werden, seien hier als Beispiele genannt. "Es gibt aber auch Kombinationen aus Limonaden, Wassern und anderen gesundheitsfördernden Getränken," berichtet Isolde Reichsgräfin von den bergischen Rheinlanden. "Faktisch ist alles erlaubt, was schmeckt sowie Geselligkeit und der Gesundheit förderlich ist."

Es hat nicht etwa mit den Gefahren des Alkoholismus zu tun, warum gerade Neudorf zum führenden Cocktail-Standort wurde. Nein, mitnichten.

Vielmehr damit, daß die Duisburger Universität in diesem Standort angesiedelt ist. Auch die Fachhochschule für außereuropäische Regionalwissenschaften sowie die Forschungseinrichtung Parawissenschaften haben hier Standorte. "Viele Leute sind dort verbeamtet. Und die dürfen im Dienst nichts Alkoholisches trinken. Was macht man also bei Veranstaltungen, vor allem dann, wenn Teilnehmer aus anderen Kulturkreisen anwesend sind?"

Genau: Kaffee- und Teetrinken ist tagsüber. Beim geselligen Beisammensein am Abend und am Wochenende möchte man dann zu Häppchen und anderen Getränken greifen. "Natürlich bieten wir auch Cola und andere Klassiker an. Irgendwann wurde dann aber auch weitere Abwechslung angefragt. Bei Sojamilch, Kokosmilchshake, Buttermilch oder Kuhmilch mit Erdbeerstückchen sind wir auf wenig Gegenliebe gestoßen, genauso bei Kakao mit Vanillegeschmack. Also hat unsere Kantine herumexperimentiert. Was schmeckt? Was wird bei unseren Gästen gut angenommen?"

Die Folge: Die Universität konnte ein Tochterunternehmen - quasi als Caterer - gründen. Diese Firma ist inzwischen am Markt etabliert und beliefert ihre behördlichen Kunden mit nichtalkoholischen Getränkeangeboten.

Beim Mixed Martial Arts kommen die Schlag- und Trittechniken des Boxens, Kickboxens, Taekwondo, Muay Thay und Karate wie auch die Bodenkampf- und Ringtechniken des Brazilian Jiu-Jitsu, Ringens, Judo und Sambo zum Einsatz.

Emmerich heißt eine Stadt am Niederrhein. Sie ist auch Grenzstadt zu den Niederlanden. Und gleichzeitig Hochburg der Mixed Martial Arts. "Das hat historische Gründe," wie Maximilian Josefssohn berichtet. Der Heimatforscher betreibt vor Ort selbst auch den Sport.

Emmerich kann bekanntlich eine lange und wechselvolle Geschichte vorweisen. Dabei war nie eindeutig geklärt, welcher Einfluß überwiegt, der deutsche oder der niederländische.

"Dies ging so weit, daß in Zeiten des Männerüberschusses in den nahegelegenen niederländischen, holländischen Städten immer wieder die Herren der Schöpfung zu Beutezügen nach Emmerich aufgebrochen sind, um dort Frauen zu klauen," berichtet Josefssohn.

Erinnert an die Gründungstage von Rom, der Ewigen Stadt. Damals war es ja auch üblich, Brautwerbung und Brautpreise zu vermeiden, sich auf`s Pferd zu setzen, in die Umgebung zu reiten und mit der entführten, quasi geklauten Dame seines Herzens wiederzukommen.

Dumm dabei: Die Frauen aus Emmerich wollten nicht in die Niederlande. Sie wollten lieber in der Heimat Haus und Hof hüten. Was also tun? "Wir müssen unsere Weiber verteidigen!" dachten sich die Emmericher. Aber wie? Schwerter, Ritterrüstungen und anderes Kriegsmaterial ist teuer. Hände und Füße hat man immer dabei. Eine Schutztruppe für die Frauen bei der Feldarbeit ist schnell aufgestellt. "Faustkampf ist eine olympische Disziplin," berichtet Josefssohn. "Treten, kratzen, hauen, spucken, beißen - das kann jeder. Also wurden die Holländer kräftig vermöbelt, sobald sie bei ihren Beutezügen nach Deutschland kamen."

Naja, irgendwann entdeckten die so geschundenen Nachbarn perfidere Wege, heiratswillige Damen in ihre Heimat zu locken - Matjes, Tulpen und Käse machten es möglich...

Buchbesprechungen

Wilfried Röhrich: Die politischen Systeme der Welt; Verlag C. H. Beck München 1999; 134 Seiten; ISBN: 3-406-44728-7

Die westlichen Demokratien, die postkommunistischen Systeme sowie die Gruppe der Entwicklungsgesellschaften machen – grob gesprochen – die drei größeren Gruppen der politischen Systeme dieser unserer Welt aus. Anhand von Verfassungsentwicklung und Verfassungsprinzipien, die Machtpositionen von Regierung und Parlament sowie Wahl- und Rechtssysteme der einzelnen Länder sollen in Überblickkapiteln Gemeinsamkeiten und Unterschiede herausgearbeitet werden.

Die Länder Südamerikas kommen hier genauso vor wie Asien, Afrika und Europa.

Dies ist ein Band aus der Buchreihe „Wissen in der Beck´schen Reihe“. Er kann natürlichen nur einen allgemeinen Überblick über die wesentlichsten Ereignisse in ausgewählten Ländern bieten. Politikwissenschaftlicher Tiefgang ist da nicht zu erwarten, bestenfalls ein Einstieg in die Thematik.

Hans-Dieter Heumann: Hans-Dietrich Genscher Die Biographie; Verlag Ferdinand Schöningh Paderborn 2012; 346 Seiten; ISBN: 978-3-506-77037-0

Seit dem Jahre 1871 gibt es ein Auswärtiges Amt bei uns in Deutschland. Hans-Dietrich Genscher ist derjenige Politiker, der am längsten seinem Land in diesem Amt diente - 18 Jahre lang, von 1974 bis 1992.

Wer ist dieser Mensch? Unterstützt durch zahlreiche Schwarzweißfotos versucht das Buch Antworten.

Die Privatperson rückt in den Hintergrund, der Politiker, sein Denken, seine (Charakter-)Eigenschaften, sein politischer Werdegang und seine Erfolge stehen überdeutlich im Vordergrund. Heumann, Dr. phil., geboren 1950 - er hat selbst im Diplomatischen Dienst gearbeitet. Er wird seinen "Chef" schon auch persönlich kennengelernt haben, und das nicht nur durch die Interviews, die er für dieses Buch führte.

Das Werk ist irgendwie schwer einzuschätzen. Als Leser würde man den Menschen schon gerne persönlicher kennenlernen - Ehe und Familie, Hobbys, Freunde und sein Lebensumfeld gehören dazu, seine Lebensdaten. All´ das fehlt hier völlig. Dies ist schon ein wenig bedauerlich. Diese Informationen hätten das Bild des Menschen Hans-Dietrich Genscher abgerundet.

Manfred G. Schmidt: Der deutsche Sozialstaat Geschichte und Gegenwart; Verlag C. H. Beck München 2012; 128 Seiten; ISBN: 978-3-406-64061-2

Arbeitslosigkeit, Alter, Krankheit incl. Pflegebedürftigkeit sowie Unfälle (bei der Arbeit) sind durch die gesetzliche Sozialversicherung abgedeckt. Das vorliegende Buch beschreibt sie von ihren Anfängen über die Weimarer Republik, NS-Zeit und DDR bis zur Gegenwart. Auch Vergleiche mit anderen Ländern und ein Ausblick in die Zukunft werden gewagt.

Schmidt ist Professor für Politische Wissenschaft an der Universität Heidelberg.

Um einem Mißverständnis gleich von vornherein vorzubeugen: Dies ist kein Ratgeber, der Tipps und Tricks zu sozialrechtlichen Fragen beantwortet. Die Sozialpolitik in der deutschen Vergangenheit steht im Vordergrund und wird in chronologischer Reihenfolge vorgestellt. Dies geschieht faktenorientiert und in anschaulicher Art und Weise. Hier ist es durchaus ausreichend, daß nur ein Überblick geboten wird - Spezialliteratur zur Einzelthemen gibt es schließlich mehr als genug.

Herbert Schmidt: Die Goethes in Weimar Verfall einer Familie. Eine Chronik; Edition Virgines Düsseldorf 2018; 432 Seiten; ISBN: 978-3-944011-74-5

Johann Wolfgang von Goethe lebte ab 1775 in der sächsischen Stadt Weimar. Er war dort nicht nur Schriftsteller, sondern arbeitete auch am Hof des Herzogs. Daneben gründete er in Sachsen auch seine Familie.

Diese Familiengeschichte ist auch das zentrale Thema des Buches. Sie wird chronologisch und thematisch gegliedert beschrieben – Johann Wolfang der Große tritt in den Hintergrund; August von Goethe, seine Frau und seine Kinder bestimmen den Inhalt. Briefe, Tagebücher und Zitate lassen sie ausführlich zu Worte kommen. Ihr Bild wird so authentisch gezeichnet.

Schmidt wurde 1928 in Leipzig geboren, lebt aber seit 1953 in Düsseldorf. Er war bis zum Jahre 1985 als selbständiger Kaufmann tätig, entschloß sich dann aber, Geschichte und Philosophie an der Heinrich-Heine-Universität Düsseldorf zu studieren. 1997 wurde er dort promoviert und ist seitdem publizistisch tätig.

Die Edition Virgines wurden als literarischer Verlag im Jahre 1999 in Düsseldorf gegründet. Sie sind benannt nach der Legende von den 11.000 Jungfrauen, die Krieg und Gewalt mit Kultur überwanden, editiert individuelle, von bildenden Künstlern gestaltete Bücher. Die Museumsschreiner Düsseldorf & NRW gehören zur bekannteren Buchreihe des Verlages. Georg Aehling heißt der Verlagsleiter.

Zu den Literaturwissenschaften gehört das Buch nicht. Weder August von Goethe noch seine Söhne sind literarisch in Erscheinung getreten; die Germanistik kommt somit auch nicht in Frage. Man kann es am besten bei den Biographien einordnen.

Der Informationsgehalt ist auf jeden Fall sehr hoch. Johann Wolfgang von Goethe meint man anhand seiner literarischen Hinterlassenschaften zu kennen. Über seine politisch-berufliche und familiäre Situation macht man sich da leicht keine Gedanken.

Und lernt so viel hinzu, über die Personen, die Zeitgeschichte, ihre Biographie. Als Leser kann man sie und ihren Lebenswandel einschätzen. Der wissenschaftliche Hintergrund des Autors ist aber auch überdeutlich sichtbar. Die Informationen sind wissenschaftlich gründlich recherchiert und dennoch gut lesbar geschrieben. Wer einen Zugang zu Goethe hat, hält hiermit ein durchaus spannendes Werk in den Händen.

Akif Pirincci: Die große Verschwulung Warum aus Männern Frauen werden und aus Frauen keine Männer; Manuscriptum Verlag Waltrop 2015; 271 Seiten; ISBN: 978-3-944872-22-3

Gender Mainstreaming ist seit geraumer Zeit modisch aktuell. Es gibt zuerst eingetragene Lebenspartnerschaften und dann die Ehe für alle. Die Frauenförderung in Verwaltung und Wirtschaft wird gesetzlich geregelt. Immer mehr geschlechtsangleichende Operationen werden bekannt. Und in Deutschland nimmt die Feministische Partei an Wahlen teil.

Pirincci ist als Autor von Kriminalliteratur (Stichwort: Felidae, Katzen-Krimis) bekannt geworden. Inzwischen beschäftigt er sich aber hauptsächlich als (gesellschafts-)politischer Autor, ist mit seinen Aussagen oftmals angeeckt und zumindest aus öffentlichen Bücherei verbannt worden.

Auch in diesem Buch geht der türkischstämmige Autor wieder auf tagesaktuelle Fragen ein. Welche Bedeutung haben Sexualität in unserem täglichen Leben, welche Bedeutung Sexualpädagogik in der Schule? Hier werden nicht die 3 Frauen-K`s = Kinder, Küche, Kirche propagiert. Die Aussagen sollen eher darauf hinweisen, daß weniger Hysterie und weniger Skurrilität im Umgang der Geschlechter auch Pluspunkte bringen kann. Natürlich sind Männer und Frauen nicht gleich, sondern gleichwertig. Frau tut sich keinen Gefallen, mit immer abstruseren Forderungen öffentlich Aufmerksamkeit erregen zu wollen.

Pirincci wurde 1959 in Istanbul geboren. Warum das erwähnen? Als Autor kann er uns so den Spiegel vorhalten, uns benennen, wie wir im Ausland und von Zuwanderern gesehen werden und so unsere Schwachstellen aufzeigen. Auf den ersten Blick mag dies schockieren und unliebsam sein – richtig interpretiert kann es aber auch heilsam sein. Es gibt Normen und Werte, die nicht mit Brachialgewalt in eine Insel der Glückseligkeit verändert werden können. Soll ein Wandel erfolgen, muß dies behutsam erfolgen und wissenschaftlich unterlegt, weil erklärbar sein. Geschieht dies nicht, gibt man sich der Lächerlichkeit preis.

Dirk Kaesler: Max Weber; Verlag C. H. Beck München 2011; 128 Seiten; ISBN: 978-3-406-62249-6

Von Hause aus Jurist, hat Max Weber (1864 – 1920) im Laufe seines Berufslebens zuerst in der Jurisprudenz, dann in der Volkswirtschaftslehre Karriere gemacht. Er gilt auch heute noch als einer der einflußreichsten Denker des 20. Jahrhunderts.

Kaesler ist Jahrgang 1944. Bis zu seiner Emeritierung 2009 war er Professor für Allgemeine Soziologie an der Philipps-Universität Marburg.

Das Buch ist erst einmal eine Biographie. In chronologischer Reihenfolge werden die Lebensstationen des Wissenschaftlers nacherzählt. Untrennbar damit verbunden ist aber auch die Gedankenwelt Webers. So gewinnt das Buch einen inhaltlichen Tiefgang, der für den Leser schon eine gewisse Herausforderung ist, setzt sie doch Interesse voraus.

Kann man sagen: Das Buch gefällt? Ja, irgendwie schon. Qualitätsmäßig ragt es auf jeden Fall in der Buchreihe „Wissen in der Beck`schen Reihe“, zu der es gehört, aus dem Durchschnitt heraus und vermittelt mehr als Faktenwissen.

Reinhard Pohl: Die Morde des NSU; Magazin-Verlag Kiel 2012; 48 Seiten; ISBN: 978-3-936419-31-3

Die Mordserien des Nationalsozialistischen Untergrunds sind beispiellos in der deutschen Nachkriegsgeschichte. Neun Einwanderer und eine Polizistin wurden von den Tätern ermordet. Die beiden Männer begingen kurz vor ihrer Verhaftung Selbstmord; Beate Zschäpe steht seitdem vor Gericht.

Seitdem kursieren die wildesten Verschwörungstheorien.

Sind die Sicherheitsbehörden auf dem rechten Auge, bei Morden an Einwanderern blind? Wurde bewußt in falsche Richtungen (z. B. Drogenmilieu, Islamismus, Familienstreitigkeiten) ermittelt? Haben die Sicherheitsbehörden vielleicht selbst Sympathien mit den Tätern? Und warum wurden zwischen November 2011 und Mai 2012 systematisch Akten vernichtet?

Dies ist Band 84 der Schriftenreihe „Deutschland und die Welt“, die von Pohl in dem norddeutschen Verlag herausgegeben wird. Über Pohl ist in der Öffentlichkeit nicht viel bekannt. Er arbeitet als Journalist und Publizist.

Die Schriftenreihe „Deutschland und die Welt“ gibt es seit 1982. Sie ist für Leser interessant, die sich mit Themen wie Entwicklungshilfe, Dritte Welt, Migration, Zuwanderung und Integration beschäftigen. Länderkunde wird mit gesellschaftlichen und politischen Fragestellungen vermischt. So wird eine Art Gegenöffentlichkeit hergestellt.

Die Ausführungen sind faktenorientiert angelegt und bieten eine Chronologie der Ereignisse. Ohne direkte (persönliche) Schuldzuweisen wird auch die Rolle der Strafverfolgungsbehörden (insbesondere BKA und Verfassungsschutz) eingegangen.

„APuZ – Aus Politik und Zeitgeschehen heißt eine Wochenzeitschrift, die von der Bundeszentrale für politische Bildung inzwischen im 68. Jahrgang (2018) herausgegeben wird. Auch wenn sie die Besonderheit aufweist, nur als Beilage zur Wochenzeitung „Das Parlament“ gekauft werden oder über die Bundeszentrale bezogen werden kann, gilt sie der Sekundärliteratur zufolge in Fachkreisen als bedeutsam und wichtig.

Zielsetzung der Publikation ist laut Impressum „Unterrichtung und Urteilsbildung“ (des Lesers). Die ISSN lautet 0479-611X.

Die Ausgabe 4-5 / 2018 stammt vom 22. Januar 2018. „Freihandel“ lautet ihr Thema. Die Autoren (Jens Südekum, Jürgen Osterhammel, Gabriel J. Felbermayr, Margot Schüller, Yun Schüler-Zhou, Peter Sparding und Evita Schmieg) stammen alle aus einem wissenschaftlichen Umfeld. Sie können Themen wie die (allgemeine Globalisierung), die EU, China, die USA unter Donald Trump oder die Geschichte des Freihandels eher theoretisch und bar jeglicher Tagesaktualität angehen.

Interessant ist insbesondere der Beitrag über die USA. Der geneigte Leser erhält hier einen Eindruck davon, wie es zu der streitbaren Handelspolitik der neuen amerikanischen Regierung unter Donald Trump kommen konnte.

Die Ausgabe 17/2018 ist vom 23. April 2018. „(Anti-)Feminismus lautet ihr Thema. Die Autoren und Autorinnen (Barbara Holland-Cunz, Rosalind Gill, Ilse Lenz, Imke Schminkcke, Thomas Gestekamp sowie Susanne Maurer) beschäftigen sich nicht nur mit der Geschichte des Feminismus und seiner Gegenwart, sondern auch – zum Glück – mit der Männerpolitik.

Dieses Heft ist gesellschaftspolitisch und eher theoretisch-abstrakt angelegt. Man muß sich schon sehr für ein solches Thema interessieren, um zu diesem Heft zu greifen, zu einseitig sind Themenauswahl und Schreibweise.

Die Bundeszentrale für politische Bildung gibt es seit dem Jahre 1952. Die bpb verfolgt die Ziele politischer Bildung über ein Angebot an Print-Publikationen, über Veranstaltungen, Kongresse und Seminare, durch Förderung anerkannter Träger der politischen Bildung sowie über die Inhalte des Online-Portals www.bpb.de. Außerdem bietet sich 11 verschiedene Newsletter an. Otto Normalbürger hat die Möglichkeit, über einen elektronischen Laden dort selbst Literatur zu bestellen. Daneben unterstützt die Bundeszentrale auch die Arbeit von Stiftungen, Vereinen und Organisationen (freie Träger der politischen Bildung).

Die Broschüre „Die Rechte der Kinder“ ist kostenfrei beim Bundesministerium für Familie, Senioren, Frauen und Jugend, Großkundenanschrift: 11018 Berlin erhältlich. Auf 106 Seiten wird hier der Sachstand vom Dezember 2017 beschrieben.

Hier wird nicht nur das Übereinkommen über die Rechte des Kindes einschließlich der Zusatzprotokolle im Wortlaut aufgeführt.

Zielgruppengerecht (also z. B. in kindgerechter Sprache, mit vielen Bildern und farbig unterlegten Textblöcken) werden vorrangig erst einmal Kinder und Jugendliche über ihre Rechte gegenüber Erwachsenen und der Öffentlichkeit informiert. Ob sich daraus auch Pflichten ableiten lasse (z. B. eine Pflicht, soweit möglich regelmäßig zur Schule zu gehen), sei einmal dahingestellt.

Die Broschüre ist gut gemacht und kann durchaus als Einstieg in das Thema angesehen werden.

Die Broschüre „Zweiter Gleichstellungsbericht der Bundesregierung Eine Zusammenfassung“ ist kostenlos beim Bundesministerium für Familien, Senioren, Frauen und Jugend (Großkundenanschrift: 11018) erhältlich.

Auf 70 Seiten gibt sie den Sachstand des Jahres 2017 wieder.

In dem umfangreichen Textteil wird viel offizielle Politik beschrieben. Ob die Ausführungen einen Praxisbezug haben bzw. für den Einsatz im Alltag nutzbar sind, kann ja jeder Leser selbst entscheiden.

Wann gibt es endlich eine Broschüre, die die Männerförderpolitik der Bundesregierung beschreibt?

Die Aufgaben des Bundesministeriums als oberste Bundesbehörde lassen sich in unterschiedliche Kategorien einteilen: Familie, Senioren, Frauen, Kinder und Jugendliche, Wohlfahrtspflege, Freiwilligendienste und bürgerschaftliches Engagement.

Als Bürger und damit auch Steuerzahler ist jemand wie der Autor dieses Büchleins natürlich neugierig: Wofür wird unser Geld, das wir Bürger vor Ort erwirtschaften, eigentlich ausgegeben? Entspricht das meinen persönlichen Interessen und meiner Meinung? Sich Broschüren wie die oben genannten zuschicken zu lassen ist da auch ein Stück die Möglichkeit, sowohl die Regierungsarbeit – zumindest hochglanzmäßig – einzusehen, sich eine eigene Meinung zu bilden und mitreden zu können.

Die Broschüre „Siebzig Jahre IWF" ist kostenlos beim Bundesministerium der Finanzen, Wilhelmstraße 97, 10117 Berlin erhältlich. Auf 24 Seiten gibt sie den Sachstand des Jahres 2014 wieder.

Die nicht namentlich genannten Autoren werfen einen Blich in die Geschichte und beschreiben idealtypisch Arbeits- und Funktionsweise des IWF von heute.

Hochglanzcharakter hat die Broschüre, da eine kritische Würdigung des IWF unterbleibt.

Der Bundesverband der Agrargewerblichen Wirtschaft e.V. (BVA) vertritt die Interessen der agrargewerblichen Wirtschaft gegenüber Ministerien, sonstigen staatlichen Stellen und anderen Organisationen aus Wirtschaft und Gesellschaft. Die Hauptgeschäftsstelle des BVA befindet sich in Berlin. Die Vereinsgeschichte geht auf den 1916 in Berlin gegründeten Verband der Getreide- und Futtermittel-Vereinigungen Deutschlands e. V. zurück.

Die Lobbyorganisation stellt sich – zumindest in meinem vorliegenden Fall – mit dem Jahresbericht 2013 / 20414, einem Flyer zum Beitragsservice und einer kleinformatigen, vierseitigen Handreichung mit allgemeinen Informationen selbst vor.

In dieser Form ist Selbstdarstellung langweilig. Sie sagt nichts über die Tätigkeit des Verbandes aus und bietet bestenfalls eine kurze, knappe Momentaufnahme.

Der Verband der deutschen Wasser- und Wasserzählerindustrie verschickt auf Anfrage hin Informationen über sich selbst. Dazu gehören 2 Seiten, die aus dem Weltnetz ausgedruckt werden; sie beschreiben die Aufgabenstellung der Lobbyorganisation und die Vorteile einer Mitgliedschaft.

Die Broschüre „60 Jahre Interessenvertretung der deutschen Wasser- und Wasserzählerindustrie e. V." stellt zwar auch die Geschichte des Verbandes vor, geht aber auch auf technische Fragen ein.

Der Journalismus wird oft als 4. Gewalt dargestellt. Er soll außen Regierung und Parlament begleiten, beschreiben, darstellen und auf Fehlentwicklungen hinweisen.

Daß Wirtschaftsverbände die Interessen ihrer Mitglieder in der Öffentlichkeit vertreten, ist sicherlich richtig und sinnvoll. Wer aber kontrolliert Wirtschaftsverbände? In meiner Phantasie gibt es eine große, überregionale (Wirtschafts-) Zeitung, die sich um Lobbyorganisationen kümmert – sie vorstellt, indem sie Aufbau, Organisation und Arbeitsweise benennt und ihre Nähe zu den Mächtigen und Entscheidungsträgern herausarbeitet. Dies auf den ersten Blick uninteressant erscheinen und nicht die (Leser-)Massen begeistern.

Zu wissen, daß es jemanden gibt, der Fragen stellt und unbequeme Wahrheiten insbesondere dann veröffentlicht, wenn ein Geschmäckle haben, kommt dem Idealbild des Journalismus schon sehr nahe. So werden Entscheidungen transparent und der Verdacht von Mauscheleien kommt gar nicht erst auf.

Printed by Books on Demand GmbH, Norderstedt / Germany